Made in the USA
Columbia, SC
13 July 2025

60491840R00035

*S*i el Espíritu Santo hubiese querido *un* evangelio, Él nos habría dado un evangelio. Pero Él nos dio cuatro para que pudieran llenar las necesidades del hombre."

¿Por qué cuatro evangelios?

En la plenitud del tiempo

Desde el principio se ha hecho la pregunta: "¿Por qué cuatro evangelios? ¿Por qué no hay cinco? ¿Por qué no tres?" Bueno, el bromista ha dado una respuesta: "Tres no son adecuados y cinco son superfluos, así que tenemos cuatro." Pero debe haber una mejor razón que esa.

Algunos escolásticos han tratado de resolver el problema haciendo una armonía de los evangelios. Cuando yo estaba en el seminario, estudié la armonía tanto en inglés como en griego. Trataron (y estos son hombres sinceros) de crear un solo recuento. Es asombroso cómo hombres sobresalientes buscan atajos tratando de reconciliar cualquier disparidad que piensan haber encontrado en los récords evangélicos. Leer muchas de estas armonías es como tratar de ponerle un zapato de tamaño 4 en el pie de una dama con el tamaño de 7 - ¡simplemente es difícil de hacer! Probablemente Ud. ha oído la historia de la dama que fue a una zapatería. El dependiente, de una manera genuina, preguntó: "¿Qué tamaño calza?" Ella dijo: "Bueno, puedo ponerme un 4, pero mi tamaño es 5, y ya que un 6 siente tan bien, siempre compro tamaño 7." Permítame decirle, es así que armonizan los evangelios. No necesitamos una armonía hoy. Necesitamos una desarmonía.

Hay una vasta diferencia y una ancha divergencia entre los récords

4

evangélicos. Cada uno fue escrito por un propósito particular para llenar la necesidad de un segmento diferente de la población del mundo. Necesitamos reconocer esto y dejar que los evangelios se conformen a este patrón natural. Si el Espíritu Santo hubiese querido un evangelio, Él nos habría dado *un* evangelio. Pero Él nos dio cuatro para que pudieran llenar las necesidades de la humanidad.

Cuando vino Cristo, había cuatro divisiones mayores en la familia humana. Estas divisiones no eran estrictamente raciales ni nacionales, aunque básicamente seguían ese patrón. Más bien, eran divisiones culturales basadas en patrones de pensamiento. Hay cuatro maneras separadas de mirar la vida; de igual modo, hay cuatro niveles de civilización. Creo que hasta este día se puede poner toda la humanidad (como se podía en el día de Cristo) bajo una de estas divisiones principales. Cada una presenta ciertas necesidades específicas del humano, cada una tiene ciertas expectaciones, y hay un evangelio para llenar la necesidad de cada segmento. Y espero que veamos que cada una hizo una tremenda misión, y que Dios usó estas divisiones de la familia humana para entregarle al hombre Su mensaje, el cual es para *toda* la humanidad.

El hombre religioso

La primera división, y estoy seguro de que es en la que pensaría Ud. primero, sería la nación Israel, que representa al hombre religioso. Como veremos, Dios segregó y separó a este pueblo del resto de la humanidad para hacer una obra en la nación, y entonces Él los esparció por todo el mundo. Amigo mío, Él hizo eso con un propósito definido. Ellos representaban una religión dada por Dios. De hecho, Dios nunca dio sino una sola religión. Esa fue el judaísmo, el sistema mosaico. Alguien quizá pregunte: "Pero, ¿qué del cristianismo?" El cristianismo, para mí, no es una religión – es una Persona. Ud. o tiene a Cristo o no lo tiene; Ud. o confía en Él o no confía en Él. No es una religión; es una Persona. Pero Dios sí dio una religión, el sistema mosaico, y Él se lo dio a la nación Israel.

En el día de Cristo, la religión se había truncado; estaba totalmente muerta. Se había reducido a un ritual y una ley. Era un sistema legalista – y eso era todo.

Temo que hay aquellos hoy, aún en los círculos fundamentales, que tratan de hacer el cristianismo eso y nada más. Siguen alguna regla y algún reglamento, aprenden un poco de vocabulario – todo lo cual les hace cristianos, según dicen ellos. Permítame decirle que el cristianismo es una Persona, y esa Persona es Cristo. No es una religión para nada. Ni siquiera se conforma al significado de la palabra "religión".

En el día de Cristo, la religión estaba tan muerta que, aunque en el principio de Su ministerio terrenal, Él dijo: "… no hagáis de la casa de mi Padre casa de mercado," (Juan 2:16), Él concluyó Su ministerio diciendo: "He aquí vuestra casa os es dejada desierta" (Mateo 23:38), y salió. Le dio la espalda a religión.

Permítame recordarle que la religión no había satisfecho el corazón del hombre. Una noche oscura, un fariseo llamado Nicodemo fue a Jesús con una pregunta. (El hombre religioso siempre piensa que tiene las respuestas hasta que se hacen unas preguntas y él viene en contacto con Jesucristo.) Esa noche Nicodemo preguntó: "¿Cómo puede un hombre renacer?" (Juan 3:4) Sin embargo, Nicodemo representaba lo mejor de la religión.

En otra ocasión un escriba (La Escritura le llama abogado) vino a Jesús. Los escribas, a propósito, conocían el Antiguo Testamento. Ellos jugaban un juego en el templo cuando no había mucha actividad en el cual tomaban una espina, la introducían en el rollo del Antiguo Testamento (el Antiguo Testamento no era, por supuesto, en la forma de un libro en ese tiempo), y adivinaban dónde había ido a parar. No trataban solo de adivinar el capítulo, ni el versículo, ni la palabra, ¡sino la *letra* donde había hincado la espina! Ellos conocían el Antiguo Testamento. Así que el escriba que fue a Cristo conocía el Antiguo Testamento o de otra manera no habría sido escriba. Sin embargo, vino con esta pregunta: "Maestro ¿haciendo qué cosa heredaré la vida eterna?" (Lucas 10:25) Él sabía que no la tenía. Y Nicodemo sabía que no había renacido. Hasta Zaqueo, el publicano que era un israelita paria, se subió a un sicómoro porque quería ver a Cristo. Él quería algo que la religión no le podía dar. Y después de que nuestro Señor había visitado con él en su casa, Él salió y dijo: "Hoy ha venido la salvación a esta casa… " (Lucas 19:9).

Cuando la religión rechazó a nuestro Señor (la religión siempre ha

estado en contra de Jesucristo – el mayor enemigo de la persona de Jesucristo en este país ahora mismo es el liberalismo), Él se volvió a individuos. Les dijo, como nos dice a Ud. y a mí hoy:

Venid a mí todos los que estáis trabajados y cargados, y yo os haré descansar. Llevad mi yugo sobre vosotros, y aprended de mí, que soy manso y humilde de corazón; y hallaréis descanso para vuestras almas. (Mateo 11:28, 29)

Él denunció la religión. Siempre oímos del "manso Jesús," cuán grato era. Es verdad que Él era manso, y lo es todavía hoy. Cuando un pecador venía a Él, Él era siempre cortés. Pero, amigo, Él odiaba la religión cuando era falsa. Las palabras más fuertes en la Biblia vinieron de Sus labios, y las pronunció, no contra Roma, ni contra rameras, ni contra los borrachos, sino contra la religión. Permítame sacar solo un versículo como ejemplo:

Mas ¡ay de vosotros, escribas y fariseos, hipócritas! Porque cerráis el reino de los cielos delante de los hombres; pues ni entráis vosotros, ni dejáis entrar a los que están entrando. (Mateo 23:13)

La religión evitará que los hombres lleguen a Dios. Así que nuestro Señor vino a llenar la necesidad del hombre religioso.

El hombre fuerte

La segunda división es el Imperio romano, que representa al hombre fuerte. Siempre he admirado a los romanos. No puedo menos que admirarlos. ¡Por un milenio ellos rigieron al mundo! Y, amigo mío, ellos trajeron ley y justicia al mundo. Las leyes nuestras están parcialmente basadas en las de ellos. Tengo una cita del Dr. Gregory concerniente a los romanos que quisiera compartir con Ud.:

Los romanos, al contrario, dieron al mundo ley en su aspecto dinámico, gubernamental y temporero. Para el romano, la ley no era un precepto esperando para que el hombre se pusiera de acuerdo con ella, sino la expresión de una fuerza presente, el poder organizado y marcial de Roma, demandando sumisión y machacaba sin remordimiento a

hombres y naciones en sus moldes de hierro. Les decía a los hombres: "Roma es todopoderosa y no escoge esperar; por lo tanto, cédase instantáneamente o muera."[1]

El mundo se cansó de eso. Marcos escribió para llenar la necesidad del hombre fuerte. Marcos es el evangelio de los milagros; es el evangelio de acción. La palabra que ocurre más que ninguna otra es la pequeña conjunción "y". Un profesor mío de retórica me habría fracasado si yo hubiera entregado un trabajo con tanto uso de la palabra "y". Pero Marcos no fracasó. Escribió lo que querían oír los romanos– "Jesús hizo esto… e hizo aquello… e hizo esto otro. El romano quería saber eso. Él creía que la ley, como se le representaba, obtenía acción por todo el mundo – y fue así. Era muerte para cualquiera que resistiera. Nadie podía huir porque Roma tenía un servicio secreto que alcanzaba a todos los sitios – sobre tres continentes y las islas del mar alrededor. El evangelio de Marcos fue escrito para llenar la necesidad de ese hombre. Era el evangelio de los milagros. Y es en este evangelio que nuestro Señor dijo: "Porque el Hijo del Hombre no vino para ser servido, sino para servir, y para dar su vida en rescate por muchos." (Marcos 10:45) Un día un pequeño judío, lisiado, enfermo de cuerpo y de corazón, cojeó por la vía Apia hacia Roma. Él ya había escrito: "Porque no me avergüenzo del evangelio, porque es poder (no *exosia*, poder delegado, sino *dunamis*, poder dinámico) de Dios para salvación a todo aquel que cree; al judío primeramente, y también al griego. (Romanos 1:16) ¿Quiere Ud. saber si era dinamita o no? Lea *Decline and Fall of the Roman Empire (Declive y caída del Imperio romano)* de Gibbon. Él dice que el evangelio que Pablo trajo fue uno de los factores que sacudió a Roma hasta sus cimientos. No podía mantenerse contra él. Amigo, el evangelio de Marcos es breve, y es el evangelio escrito para el hombre de acción.

El hombre pensante

Entonces hay el tercer evangelio, el de Lucas. Fue escrito para el griego, el hombre pensante. Por cien años, designada la Edad de Oro de Pericles, cuatro siglos antes de la venida de Cristo, Grecia erigió sobre el horizonte de la historia una cultura que ha deslumbrado al mundo desde ese día hasta hoy. Uno de los principios de la cultura griega era su búsqueda por el hombre perfecto. Mire su arte, mire su estatuaria – buscaban al hombre perfecto, físicamente. Lea su literatura – buscaban al hombre perfecto, mentalmente. Y mientras mira sus dioses, se da

cuenta de que no eran más que proyecciones de la humanidad. No hallaron lo que buscaron. No encontraron al hombre perfecto.

El Dr. Lucas – un médico, griego, el único gentil que escribió en las Escrituras, y un hombre brillante – escribió para el griego. Él escribió con el hombre pensante en mente, y le presentó al hombre perfecto. La filosofía griega no le había producido, pero el Dr. Lucas dijo en efecto: "Yo le derramé en una probeta en mi clínica, y puse ácidos de filosofía griega sobre Él, y coloqué mi estetoscopio sobre Su corazón. Él es perfecto."

Nuestro Señor vino a salvar – a salvar al hombre pensante. Después de la resurrección cuando Él se encontró con Sus discípulos, Lucas dijo: "Entonces les abrió el entendimiento, para que comprendiesen las Escrituras… (Lucas 24:45). Jesús era un gran maestro. Aristóteles era un gran maestro, Sócrates era un gran maestro, Platón era un gran maestro, pero no como Jesús. Nuestro Señor podía abrirles el entendimiento a los hombres para poder comprender verdad espiritual, y Él aún hace esto hoy. Ud. y yo damos la Palabra de Dios, pero el entendimiento viene de Él. Él aún es el Gran Maestro.

El hombre miserable

La última división principal de la familia eran las razas orientales. Allá en el oriente misterioso. Un inglés que fue allí, pasó años como soldado y escribió mucha poesía dijo: "El este es el este, y el oeste es el oeste; nunca jamás se encontrarán los dos." Aunque nos es extraño, hay una cosa que sabemos en cuanto a él; es un lugar de miseria y pobreza. Mientras Ud. y yo probamos una dieta tras otra, miles de personas en el oriente mueren de hambre. Pero lo extraño es que junto a esa pobreza hay riqueza sin par. Hay un hombre allá que se para en un lado del balance, y ponen diamantes u oro en el otro lado – eso es sus ingresos. Créame, ¡esa es una buena manera de cobrar un salario! Hay riqueza indecible y pobreza indecible, sin embargo tanto el rico como el pobre son miserables. Y de ese oriente misterioso, para alguna razón extraña, vinieron magos diciendo: "¿Dónde está el rey de los judíos, que ha nacido? Porque su estrella hemos visto en el oriente, y venimos a adorarle. (Mateo 2:2) Ellos tenían una necesidad; buscaban a alguien que llenara esa necesidad. Juan escribió un evangelio para esta mente

en particular:

> **Hizo además Jesús muchas otras señales en presencia de sus discípulos, las cuales no están escritas en este libro. Pero éstas se han escrito para que creáis que Jesús es el Cristo, el Hijo de Dios, y para que creyendo, tengáis vida en su nombre.** (Juan 20:30, 31)

No necesitan pobreza allí, y no necesitan riqueza. De alguna forma ninguna de las dos ha resuelto los problemas. Lo que necesitan es *vida*. Jesús dijo: "… he venido para que tengan vida, y para que la tengan en abundancia." (Juan 10:10)

Estos cuatro grupos, representados por el hebreo, el romano, el griego y el oriental estaban bien separados en aquel día. Sin embargo, el mundo hoy es un crisol. Avances tecnológicos han hecho que, cuando un hombre pisa la luna por primera vez, el mundo lo ve. Las razas hoy se mezclan en miles de lugares. Lo vi en Europa, en Asia, en África, en las Indias Occidentales, en las islas hawaianas, y lo estoy viendo en este país hoy. Ud. y yo vivimos en un crisol. Eso es lo que ha venido a ser nuestro mundo.

Todo lo que Ud. tiene que hacer es caminar por las calles de una gran ciudad, y encontrará todos los cuatro grupos:

El hombre religioso está aquí. Si Ud. tiene solo religión, Ud. está perdido. Ud. sabe en lo hondo de su corazón que la religión nunca le ha satisfecho.

Está el hombre fuerte. Cuando salgo a almorzar, los empleados de los bancos y los jóvenes ejecutivos están allí. Ud. debe escuchar sus conversaciones. ¡Ud. pensaría que el presidente del Banco Federal de Reserva hablaba al caudillo de la Bolsa de Nueva York al oír hablar a algunos de esos jóvenes! Están muy seguros de sí mismos. Están avanzando en sus carreras. No piensan que necesitan a un Salvador. Son los hombres fuertes. Quizá Ud. es ese hombre fuerte y está diciendo: "Predicador, Ud. no me está hablando a mí. Yo tengo lo que quiero. Tengo una cuenta bancaria. Tengo una buena familia. No necesita a Cristo." Sí, lo necesita. Ud. no rige al mundo; el romano, sí, lo rigió, y él necesitaba a Cristo.

Entonces hay el hombre pensante. Puede que Ud. sea ese hombre. Ud. tiene un cociente de inteligencia alta y está bajo la impresión que va a tener éxito en la vida *pensando*. No es así. Por cien años, el griego tuvo una civilización que era intelectual. Se vino abajo. Y el evangelio salió en la lengua griega.

Entonces hay el hombre miserable. Él está entre nosotros hoy. Oh, puede que tenga unos dólares en su bolsillo, pero él está miserable. Varios hombres sobresalientes se han suicidado recientemente. Hay muchas personas miserables en este mundo – en todos los niveles de la vida. Cristo "…el Hijo del Hombre no vino para ser servido, sino para servir, y para dar su vida en rescate por muchos (Mateo 20:28). Espero que Ud. vea su necesidad de Él hoy. Si la ve, estoy aquí para decirle que Él puede llenar su necesidad, sea la que sea. Y más que nada, Él puede salvar su alma. Dios le tenía a Ud. en mente cuando dio al hombre un récord escrito. Él preparó uno de los cuatro evangelios específicamente para Ud.

Foto de Mohamed Ajufaan en Unsplash

Vengan a mí todos ustedes que están cansados y agobiados, y yo les daré descanso. Mateo 11:28

Mateo: Escrito para el hombre religioso

Hace años, el público fue sometido a la noticia de uno de los crímenes más brutales del siglo veinte: los asesinatos masivos, llamados por los medios, el caso de Sharon Tate. Es uno de los crímenes más chocantes y sensacionales en esta edad de crimen. Participó un grupo de jóvenes, algunos adolescentes, otros un poco mayores, hasta muchachas. Fue una muerte a sangre fría que parecía ser una orgía sangrienta, sin pasión y sin sentido. Esto, creo yo, fue el producto final de una sociedad que se jactaba de su nueva libertad y su nueva moralidad y su abandono de la ética judeocristiana, como la llamaban ellos. Esto no era nada nuevo, por supuesto, porque el patrón se había duplicado muchas veces antes. Esto es lo que sucede cuando la depravada naturaleza humana está libre para cumplir su voluntad. Los antediluvianos, allá en el principio de la humanidad, se envolvieron en gran maldad, mal, corrupción, vicio, vileza y violencia. Pablo da una lista de cosas que caracterizarían una generación venidera. Entre ellas se encuentra esto:

... sin afecto natural, implacables, calumniadores, intemperantes, crueles, aborrecedores de lo bueno... (2 Timoteo 3:3)

Parece que hemos llegado a eso, ¿verdad? El factor más ofensivo y asqueroso para mí es que el líder de este grupo de jóvenes degenerados, Charles Manson, ¡se llama Jesucristo! Esta asunción blasfema reveló que él era un líder religioso operando una religión depravada y asquerosa. Y hay muchos así en nuestra tierra hoy día.

En otra área de nuestra cultura, un escritor y productor de películas produjo un gran éxito. Y un reportero de un periódico en Nueva York, después de haberlo visto, escribió: "Es vicioso y vil, la película más ofensiva que yo haya visto." El productor de esa película dijo que esa no era nada en comparación con la que tenía planeada, diciendo: "Será verdaderamente vil y ofensiva, y también sería blasfema" – porque él iba a retratar a Jesucristo.

Dos factores, creo, emergen ahora mismo en nuestra cultura contemporánea. Uno es que el Señor Jesucristo es aún una persona

controversial. Hace unos dos mil años Él les hizo la pregunta a Sus discípulos: "¿Quién dicen los hombres que es el Hijo del Hombre? (Mateo 16:13) Contestaron que la gente pensaba que Él era Juan el Bautista, Jeremías, Elías o uno de los profetas. Pero todos erraron el blanco. El mundo de afuera no tenía la respuesta, y tampoco tiene la respuesta hoy. Sin embargo, aún están hablando de Él.

Nuestra cultura revela un segundo factor: suciedad, depravación, corrupción degeneración y sexo de nuevo han llegado a ser una religión. Y eso no es nuevo, porque todas las religiones paganas del pasado estaban basadas en el sexo. El principio femenino está en las deidades de todas las religiones paganas.

La religión siempre ha sido la mayor maldición de la humanidad. Si Ud. duda eso, mire a la India de hoy – tiene religión. África también. Y lo interesante es que los Estados Unidos de América está lleno de religión. Pero la religión ha sido una maldición a la humanidad, y siempre trata con externalidades – con rituales, liturgia, formas, reglas, regulaciones, ceremonias, leyes, ordenanzas, ritos, orgías y encantaciones.

Después de todo, Dios dio solo una religión, y esa fue el sistema mosaico. El cristianismo es una Persona, y Ud. o tiene a esa Persona y no lo tiene. Y tener a Cristo es salvación – no es una religión. Sin embargo, Dios sí dio una religión, el sistema mosaico y Él se lo dio a la nación Israel. Esta nación representaba religión en el día que Cristo vino a esta tierra y cuando Jerusalén era el centro religioso del mundo.

Como se indicó en la introducción, hay cuatro divisiones mayores de la familia humana, y cada evangelio se inclina en la dirección de uno de estos segmentos. El evangelio de Mateo está escrito primariamente a la nación Israel, y por lo tanto al hombre religioso. Ud. necesita un trasfondo del Antiguo Testamento para comprender a Mateo. He escrito un libro titulado *Moving through Matthew (Navegando por Mateo)* porque hay un movimiento en el evangelio de Mateo. Es como una puerta giratoria que se abre para atrás al Antiguo Testamento, recogiendo más profecías que cualquier otro evangelio, y entonces se abre hacia el Nuevo Testamento y progresa más que cualquier otro ya que solo en el evangelio de Mateo se menciona la iglesia. Fue escrito por un ex recaudador de impuestos para llenar la necesidad de sus paisanos. Como recaudador

de impuestos, Mateo tenía una gran necesidad, aunque era un hombre rico. Cuando Mateo escribió de sí mismo, tenía muy poco que decir:

> *Pasando Jesús de allí, vio a un hombre llamado Mateo, que estaba sentado al banco de los tributos públicos, y le dijo: Sígueme. Y se levantó y le siguió.* (Mateo 9:9)

Pero tanto Marcos como Lucas nos dice que Mateo le hizo al Señor una gran fiesta en su casa e invitó a todos sus amigos a la cena – aparentemente, él era un hombre adinerado. Mateo no nos dice prácticamente nada de sí mismo porque él está presentando a otro.

El evangelio de Mateo fue escrito originalmente en la lengua hebrea. Es el único libro del Nuevo Testamento que fue escrito en hebreo. ¿Cómo sabemos esto? Bueno, Papías, uno de los padres de la iglesia primitiva, y un obispo en Asia Menor que vivió hacia fines del primer siglo y al principio del segundo, se volvió a Cristo bajo la predicación de Felipe y Bartolomé. Él era socio de Policarpo, el mártir, y era contemporáneo con Justo de Jerusalén y de Ignacio de Antioquía. Es él quien nos cuenta que el evangelio de Mateo fue escrito en hebreo:

Mateo escribió los oráculos (del Señor) en la lengua hebrea, y cada uno los interpretó como pudo.[2]

Eusebio, historiador del tercer siglo, escribió:

> *Mateo, habiendo a la primera instancia, entregado su evangelio a sus paisanos en su propia lengua, después, cuando él estaba a punto a dejarlos y extender su misión apostólica en otros lugares, terminó su evangelio escrito para uso de los que él dejaba atrás, como una compensación por su ausencia.[3]*

Y es interesante ver que Ireneo y Origen confirmaron esto también. Estos eran padres de la iglesia en quienes tenemos gran confianza. Y entonces Jerónimo – que apareció más tarde pero vivió en Palestina y se considera, creo yo, el mejor educado de los padres latinos – hizo esta declaración:

> *Mateo el publicano, llamado Leví, que compuso un evangelio en la lengua hebrea para uso especial de aquellos judíos que habían*

creído en Cristo y que ya no ₁seguían la sombra de la ley, después de la revelación de la sustancia del evangelio.₄

Estas son declaraciones remarcables, y subrayan el hecho de que el hebreo es la única lengua que los judíos habrían aceptado. Ud. recordará que cuando Pablo fue arrestado en Jerusalén, el motín estaba a punto de apedrearle a muerte, pero fue rescatado. Entonces se paró en la escalera mientras el motín andaba alrededor, listo para asirle, y empezó a hablarles en hebreo. Esto los aquietó como el Señor había calmado las olas en el mar de Galilea, y le escucharon. Y, después de todo, esa es la lengua de la religión. Ud. recordará lo que dijo el Señor Jesús a la mujer en el pozo: "… la salvación viene de los judíos" (Juan 4:22). Y el Dr. Kurtz, ese gran historiador alemán, ha escrito: "el judaísmo preparó la salvación para la humanidad, y el paganismo preparó a la humanidad para la salvación." También el Dr. Gregory escribe: "Se les ha entregado la religión mundial." ¿No es asombroso que, aunque las otras religiones del mundo se inclinan a un grupo particular de gente, el evangelio dado a un grupo pequeño en aquel día es un mensaje para toda la humanidad? Eso es algo que debe causar que el crítico piense dos veces.

Dios había preparado a esta gente a través del tiempo. Dos mil años antes de la venida de Cristo, había un hombre viviendo en idolatría allá en Ur de los caldeos, porque el mundo entero había ido a la idolatría. Y Dios llamó a este hombre Abram, y dijo en efecto: "Deja esto, y ven a una tierra que Yo te mostraré." Y Dios hizo ciertos pactos con ese hombre. Le prometió una tierra, una nación, y que él sería una bendición a las naciones del mundo – porque después del diluvio y la Torre de Babel, Dios se había despedido de la familia humana. (Véase Génesis 12:1-3.) Pero Él les dijo, esencialmente: "Volveré, porque voy a preparar salvación para el mundo." Y entonces Él preparó a los descendientes de Abraham, les apartó de la corriente de la humanidad, les segregó, les puso en un lugar donde Él podía enseñarles y adiestrarles, y entonces los esparció por todo el mundo con un propósito. Hay un *propósito* en lo que hace Dios.

Tres dispersiones se predicen en la Biblia. También predice que la gente sería reunida tres veces. Hasta el día de hoy, las tres dispersiones han tenido lugar, pero solo dos reuniones. Estoy en desacuerdo con los que dicen que la actual nación de Israel es la tercera recogida. Ud. no ha

leído el Antiguo Testamento si ha llegado a esa conclusión, amado, porque esas profecías concernientes a esa tercera reunión no se han cumplido.

La primera dispersión tuvo lugar en el tiempo de Jacob y su familia. Setenta personas bajaron a Egipto con Jacob. Cuando salieron, eran probablemente un millón y medio. Jacob bajó a Egipto a la dirección de Dios y, allí en los ladrilleros, Dios forjó de esta gente en los fuegos de la esclavitud una nación. Entonces Él los sacó al desierto por cuarenta años para entrenarles y darles la experiencia de los cuarenta años con la ley. Entonces, al fin de eso, Moisés escribió Deuteronomio. Deuteronomio no es una repetición de la ley, sino que es la interpretación de la ley con cuarenta años de experiencia. Y Dios les dio para el mundo anciano una declaración doctrinal que la mayoría de los teólogos dicen que es el mayor del Antiguo Testamento: "Oye, Israel: Jehová nuestro Dios, Jehová uno es." (Deuteronomio 6:4) O permítame traducirlo un poco diferente: Jehová nuestro *Elohim (Elohim* es plural), nuestro Dios trino, es un Jehová." Dios decía a través del pueblo hebreo a un mundo de politeístas: "No tendrás dioses ajenos delante de mí (Éxodo 20:3). Y esta gente llevó ese testigo.

Tuvieron una influencia. ¿Se ha preguntado alguna vez en cuanto a los griegos y su tremenda civilización? Cuando Homero escribía de los dioses sobre el Monte Olimpo y las guerras en Troy, David, el dulce cantante de Israel, cantaba alabanzas a Dios. Se reconoce hoy que ellos influyeron tanto a los griegos que muchos griegos inteligentes repudiaron a los dioses del monte Olimpo y llegaron a ser monoteístas. Tanto Sócrates como Platón escribieron así.

Allá en el oriente lejano, después del cautiverio babilónico, surgió el zoroastrismo (el moderno parsismo). Ellos testificaron de la unidad de Dios en el mundo anciano. ¿De dónde lo sacaron? Lo obtuvieron de Israel. "Oye, Israel. Jehová nuestro Dios, Jehová uno es."

Entonces Israel entró en el cautiverio babilónico porque se volvieron a la idolatría a pesar de lo que había dicho Dios. Por setenta años estuvieron en la tierra de Babilonia. Entonces, por decreto de Ciro, rey de Persia, Israel volvió a su propia tierra. Durante este periodo, Jesús nació. Nuestro Señor dijo después de Su rechazamiento: "He aquí

vuestra casa os es dejada desierta" (Mateo 23:38). "De cierto os digo, que no quedará aquí piedra sobre piedra, que no sea derribada" (Mateo 24:2). ¿Cuándo?" preguntaron Sus discípulos. Él dijo: "… cuando viereis a Jerusalén rodeada de ejércitos… " (Lucas 21:20). Y en el 70 d.C., vino Tito, el romano y rodeó aquella ciudad. Rompió la muralla, y sus hordas entraron. Nunca hubo tal matanza que se compare a esa. Como resultado, este pueblo fue esparcido por todo el mundo, y llevaron la sinagoga con ellos a toda esquina del imperio. Esa sinagoga llegó a ser el punto de partida por el cual Pablo y los otros apóstoles predicaron el evangelio en las ciudades del Imperio romano. Invariablemente se les echó de las sinagogas, así que llevaron el evangelio a los gentiles.

Faraón, en Egipto al tiempo de su crisis más grande, tenía como primer ministro a José – y fue algo muy bueno. También, Daniel fue primer ministro a los reyes de dos de los imperios más grandes del mundo – Nabucodonosor y Ciro. Aparentemente, él les influyó a tal extremo que vinieran a un conocimiento de Dios. Más tarde, un rey persa tuvo una consorte judía que se llamaba Ester, y un primer ministro que se llamaba Mardoqueo. También, un rey persa tuvo un secretario de estado que se llamaba Nehemías. Esto fue durante otro periodo crítico en la historia del mundo cuando el poder pasó del este al oeste.

Cuando vino Cristo, esta religión dada por Dios se había deteriorado a una liturgia de leyes y rituales vacíos en los cuales se diezmaba hasta una pequeña cantidad de anís y comino (plantas usadas para sazonar la comida). Los escribas y los fariseos, los líderes religiosos, habían reducido las leyes de Dios a nada más y nada menos que una forma. Nuestro Señor les dijo que se concernían con le letra de la ley y erraban el espíritu por completo.

Puede que el fundamentalismo esté haciendo eso también. Es una cosa decir que Ud. cree que la Biblia es la Palabra de Dios, pero es otra cosa conocerla y dejar que le hable a su corazón. Vea Ud., el fundamentalismo puede reducirla a una pequeña forma y ceremonia. Algunos piensan que, si llevan una Biblia, aprenden cierto vocabulario y se portan píamente los domingos, es todo lo que necesitan hacer. Conocen solo lo que les dieron los escribas y los fariseos – ellos no tenían su propia Biblia. El judío ortodoxo de aquel día (y ellos eran la mayoría) no aceptaba nada que no se conformara a la ley y los profetas. Todo tenía que seguir la ley

al pie de la letra.

Mateo escribió para mostrar que Jesús era el Mesías y que Él cumplía la letra de la ley y los profetas en Su venida a esta tierra. Él dijo que iba a iniciar un reino sobre la tierra, pero que debía conformarse al *intento* del Antiguo Testamento, que no debía haber solo una forma externa, sino un cambio interno. Y yo quisiera que los amilenialistas bajo quienes estudié en el seminario comprendieran lo que nuestro Señor realmente quiso decir con: "… el reino de Dios está entre vosotros" (Lucas 17:21). Por supuesto que está adentro – no se aplica desde afuera como una loción. Es algo que tiene que comenzar en el corazón. Y Mateo lo hace claro que el reino ha de ser poblado con gente que ha sido cambiada desde adentro. Deben tener una capacidad por Dios, pero el Mesías debía morir para hacerlo posible. Ese príncipe religioso, Nicodemo, vino a Jesús de noche para hablar del reino. Nuestro Señor dijo: "… el que no naciere de nuevo, no puede ver el reino de Dios" (Juan 3:3) Pero Él también le dijo que "… es necesario que el Hijo del Hombre sea levantado, para que todo aquel que en él cree, no se piedra, mas tenga vida eterna" (Juan 3:14, 15) Él debía morir para hacer posible el reino.

El evangelio de Mateo nos cuenta del nacimiento de Jesús. Y abre con estas palabras majestuosas:

Libro de la genealogía de Jesucristo, hijo de David, hijo de Abraham. (Mateo 1:1)

Eso nunca fue desafiado. Es quién es Él. El judío diría: "Seguro. Si Él es hijo de Abraham, si es hijo de David, escucharé." Mateo escribió para el judío.

Entonces, se da la genealogía para explicar por qué José no podría ser el padre. De hecho, el valor de la genealogía no es mostrar cómo Jesús podría nacer de una virgen, sino cómo Él no podría nacer de ninguna otra manera – porque Mateo hace claro que Jeconías está en esa genealogía (Véase Mateo 1:11, 12). Los que conocían el Antiguo Testamento sabían que se había pronunciado una maldición sobre ese linaje, y que *nadie* en ese linaje podría sentarse sobre el trono de David (Véase Jeremías 22:24-30.). ¿Cómo puede José tener un hijo que se siente sobre el trono de David? No puede. Sin embargo, él puede ser el

marido de María, quien también está en el linaje de David por otra ruta – el hijo de David, Natán. Y, por ser su marido, José puede darle a Jesús los derechos reales y legales al trono de David. Israel necesitaba saber eso, y Mateo escribió esto por esa razón.

Mateo cita cuatro profecías del Antiguo Testamento que hace que el cumplimiento parezca imposible. Si Ud. hubiera vivido en aquel día, habría dicho: "¿Cómo puede nacer en *Belén* el Mesías? ¿Por qué están llorando las madres en *Ramá*? ¿Y cómo puede Él llamarle de Egipto si nació en Belén? E, imagínese, ¡Él ha de criarse en *Nazaret* para llamarse un nazareno! ¿Cómo puede ser?" Mateo da todas estas profecías con su cumplimiento. Él les recuerda que Miqueas predijo que Él nacería en Belén y da los detalles de ese evento (Véase Mateo 2:1-6). Él dijo que habría llanto en Ramá como había dicho Jeremías (Véase Mateo 2:17, 18). (Aparentemente el viejo Herodes dibujó un círculo y dijo: "Mataremos a todos los bebés dentro del círculo." Ramá estaba incluido, y debe haber habido muchos bebés allí.) También, Mateo cuenta cómo llamó Dios a Jesús de Egipto como Oseas había predicho (Véase Mateo 2:15) y cómo sucedió que se llamaba nazareno como había dicho Isaías (Véase Mateo 2:22, 23).

Daniel dio esa maravillosa profecía de las setenta semanas, la cual da el tiempo cuando el Mesías sería cortado (véase Daniel 9:24-26). Todo Israel debería haber estado sentado en el bordillo de las aceras en Jerusalén esperando recibirle mientras pasaba la Entrada Triunfal. El Antiguo Testamento hasta había predicho la estrella. El viejo Balaam dijo: "Saldrá Estrella de Jacob… (Números 24:17). Y los magos vinieron del oriente donde había estado Balaam:

> *… diciendo: ¿Dónde está el rey de los judíos, que ha nacido? Porque su estrella hemos visto en el oriente, y venimos a adorarle.* (Mateo 2:2)

Fue Isaías quien declaró que los gentiles iban a estar presentes: "Acontecerá en aquel tiempo que la raíz de Isaí, la cual estará puesta por pendón a los pueblos, será buscada por las gentes; y su habitación será gloriosa." (Isaías 11:10) ¡Cuán correcto es Isaías! ¿Por qué no dijo una raíz de David? Se remonta a Isaí, el padre de David porque para este tiempo ya no había reyes en el linaje de David, sino que se había vuelto

a la clase común como lo era Isaí. Isaías también escribió:

> *Y andarán las naciones [los gentiles] a tu luz, y los reyes al resplandor de tu nacimiento.* (Isaías 60:3)

Los magos eran gentiles, y le buscaron cuando nació Jesús. Juan el Bautista, dice Mateo, vino según la profecía:

> *Pues éste es aquel de quien habló el profeta Isaías, cuando dijo: Voz del que clama en el desierto: Preparad el camino del Señor, enderezad sus sendas.* (Mateo 3:3)

Y allá en el desierto salió este mensaje: "Arrepentíos, porque el reino de los cielos se ha acercado." (Mateo 3:2) Y cuando nuestro Señor empezó Su ministerio, Él tomó ese mensaje (véase Mateo 4:17).

Mateo da el Sermón sobre el monte como ningún otro escritor evangélico. ¿Por qué? Él se lo da a un pueblo bajo ley. Permítame decirle que se da para un pueblo que tiene una religión. ¿Ha notado Ud. alguna vez que el liberal siempre va a ello? He hablado con muchos hombres y mujeres que han dicho que el Sermón sobre el monte era su religión. Pero no he hallado a nadie que lo cumpla. Ud. debe cambiar su religión, amigo, a menos que la obedezca. Nuestra necesidad no es religión; necesitamos a un Salvador. Y el Sermón del monte no es una religión, es la ética que dio Cristo. No desprecie el Sermón del monte, solo dese cuenta de que Ud. no lo cumple y sea honesto en cuanto a esto. Nuestro Señor también dio los récords dinámicos de Mateo. Mateo no está tratando de darle una vida cronológica de Cristo. Más bien, él reúne un grupo de milagros que nuestro Señor hizo para mostrarle que el que dio la ética en la cima de la montaña tenía el poder para ejecutarla aquí abajo. Él es a quien Mateo está presentando.

Mateo demuestra que el sermón del monte trata con el exterior del hombre. ¿Por qué? Porque ya se había tratado con la gente por dentro. El hombre tiene que ser cambiado desde adentro. Después de tres años de ministerio, nuestro Señor llevó a estos hombres quienes habían estado con Él por tres años a Cesarea de Filipo donde les cuestionó: "¿Quién dicen los hombre que es el Hijo del Hombre?" (Mateo 16:13)

Contestaron en efecto: "Hay todo tipo de reporte circulando." (Y han estado circulándose desde entonces.) Entonces Él preguntó: "Y vosotros, ¿quién decís que soy yo?" (Mateo 16: 15). (Y esa es la pregunta que Él le hace hoy a Ud.) Simón Pedro dijo lo que cualquier judío en ese día habría dicho cuando vino a conocerle: "Tú eres el Cristo, el Hijo del Dios viviente (Mateo 16:16). El Señor Jesús contestó:

Bienaventurado eres, Simón, hijo de Jonás, porque no te lo reveló carne ni sangre, sino mi Padre que está en los cielos. (Mateo 16:17)

En ese tiempo Él menciona la iglesia por primera vez. Ese es su programa inmediato ahora. Pero, espere un momento; Él tenía algo más que darles que era nuevo. Después de que Simón Pedro dio esa magnífica respuesta, se dice:

Desde entonces comenzó Jesús a declarar a sus discípulos que le era necesario ir a Jerusalén y padecer mucho de los ancianos, de los principales sacerdotes y de los escribas; y ser muerto, y resucitar al tercer día. (Mateo 16:21)

¡Pero Simón Pedro no estaba listo para eso! Y mucha gente hoy que tiene religión tampoco está lista para ello. Aunque Pedro creía el Antiguo Testamento, él no estaba preparado para esto.

Entonces Pedro, tomándolo aparte, comenzó a reconvenirle, diciendo: Señor, ten compasión de ti; en ninguna manera esto te acontezca. (Mateo 16:22)

¿Cuán equivocada era la reacción de Pedro? Es tan equivocada que nuestro Señor dijo: "¡Quítate de delante de mí, Satanás!" (Mateo 16:23) Ese tipo de habla es satánica. Y entonces, según el Dr. Lucas, "… afirmó su rostro para ir a Jerusalén." (Lucas 9:51) Y Mateo, para el beneficio de esta gente, repite cinco veces que, en camino a Jerusalén, Él dijo que iba allí a sufrir y morir. Vez tras vez Él les dio este aviso. En el mero principio de Su ministerio, Él no les dijo a Sus discípulos de Su muerte. Ahora se ve el por qué – ellos no estaban preparados. Ellos tenían una religión; no pensaban que necesitaban que un Salvador muriera por ellos.

Cuando nuestro Señor vino a Jerusalén por la última vez, denunció a los principales religiosos como nadie antes. Escúchele: ¡Ay de vosotros, escribas y fariseos, hipócritas! (Mateo 23:23) La palabra "hipócrita" era la palabra usada en Atenas para un actor. Era alguien que hacía un papel. *Krinomai* quiere decir "responder". *Hupo* quiere decir "responder a alguien". Un actor es alguien a quien otro dice algo y luego el actor le responde. Un hipócrita era un actor, alguien que hacía un papel. Y nuestro Señor les dijo: "Uds. solo estaban jugando a la religión." Mucha gente juega a la iglesia. Es divertido. Les encanta. Uno puede hacer muchas cosas en una iglesia sin ser salvo; uno puede simplemente hacer un papel. Escúchele.

> *¡Ay de vosotros, escribas y fariseos, hipócritas! Porque diezmáis la menta y el eneldo y el comino, y dejáis lo más importante de la ley; la justicia, la misericordia y la fe.* (Mateo 23:23)

Discutían de cosas pequeñas. Oigo preguntas como esta: "Dr. McGee, ¿cree Ud. que un cristiano puede fumar un cigarrillo?" Mi reacción es esta: ¿Por qué no se madura? ¿Qué de la fe y la misericordia y el juicio en su vida? Ud. no fuma, pero ¿qué de su vida? ¿Es real Cristo para Ud. hoy o simplemente está haciendo un papel? Escúchele:

> *¡Guías ciegos, que coláis el mosquito, y tragáis el camello!* (Mateo 23:24)

¡Esa fue buena! Si yo hubiera estado allí, me habría reído de esa comparación.

> *¡Ay de vosotros, escribas y fariseos, hipócritas! Porque limpiáis lo de fuera del vaso y del plato, pero por dentro estáis llenos de robo y de injusticia.* (Mateo 23:25)

Eso lo resume todo: Lo de afuera es religión; lo que está adentro – eso es cristianismo. Cuando Ud. consigue limpiar el interior, lo exterior se cuidará de sí mismo. Entonces, volviendo atrás un par de capítulos, permítame sacar algo más que considero importante.

Jesús les dijo: ¿Nunca leísteis en las Escrituras: La piedra que desecharon los edificadores, ha venido a ser cabeza del ángulo. El Señor ha hecho esto, y es cosa maravillosa a nuestros ojos? (Mateo 21:42)

Lo han rechazado, pero Él vendrá a ser la cabeza del ángulo. Él aún regirá sobre la tierra. Él es aún el Salvador del mundo. Ahora Ud. y yo vamos a tener que tratar con Jesucristo algún día. Toda persona lo hará. Salvo o perdido, nos pararemos delante de Él.

Por tanto os digo, que el reino de Dios será quitado de vosotros [la nación de Israel], y será dado a gente que produzca los frutos de él. (Mateo 21:43)

Y creo que Él se está preparando para quitárnoslo a nosotros también.

Y el que cayere sobre esta piedra será quebrantado; y sobre quien ella cayere, le desmenuzará. (Mateo 21:44)

Hay el Gran Trono Blanco, sobre el cual está sentado el que debe juzgarle si Ud. le rechaza.

Y oyendo sus parábolas los principales sacerdotes y los fariseos, entendieron que hablaba de ellos. Pero al buscar cómo echarle mano, temían al pueblo, porque éste le tenía por profeta. (Mateo 21:45, 46)

Entonces nuestro Señor dio una comisión: "Por lo tanto, id, y haced discípulos a todas las naciones, bautizándolos en el nombre del Padre, y del Hijo, y del Espíritu Santo" (Mateo 28:19) Y creo que cuando esos discípulos le oyeron decir estas palabras aquel día sobre el monte de los Olivos, recordaron la predicción de Isaías en cuanto a Él: "… te di por luz de las naciones, para que seas mi salvación hasta lo postrero de la tierra" (Isaías 49:6).

Por tanto, id, y haced discípulos a todas las naciones, bautizándolos en el nombre del Padre, y del Hijo, y del Espíritu

Santo; enseñándoles que guarden todas las cosas que os he mandado; y he aquí y estoy con vosotros todos los días, hasta el fin del mundo. Amén. (Mateo 28:19, 20)

Ese evangelio que ellos habían de llevar a los fines de la tierra es un evangelio que puede alcanzar adentro y transformar a individuos que confiarán en Jesucristo.

Nuestra cultura contemporánea le ha rechazado en más de una manera. ¿Ha notado Ud. que las canciones más populares tienen que ver con "Yo me amo a mí mismo"? Nos estamos moviendo ahora en una era en la cual ya no habrá canciones de una joven o un joven, sino de "Me amo a mí mismo". Esta generación realmente se ha interesado en sí misma. "Tengo que hacer lo *mío*. Tengo que tener *mi* libertad. *Mi* opinión es importante, y Ud. tiene que escucharme a *mí*." Dios dice que necesitamos asumir nuestro lugar correcto como pecadores. Tenemos una gran necesidad. No somos tan maravillosos como creemos. Podemos pulir el exterior, pero ese pulimiento no dura – no ayuda. Necesitamos a un Salvador.

Mateo escribió a un pueblo religioso. Ellos tenían una religión, pero no tenían a Cristo.

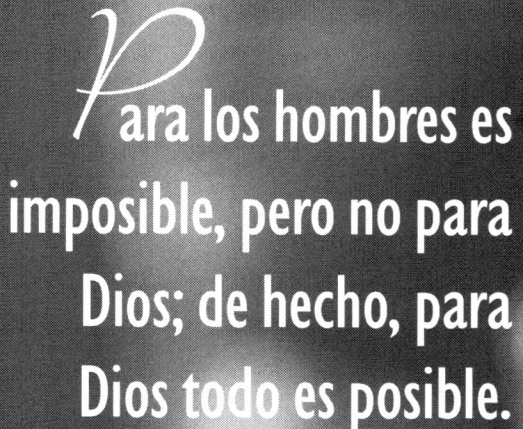

*P*ara los hombres es imposible, pero no para Dios; de hecho, para Dios todo es posible.

Marcos 10:27

Marcos: Escrito para el hombre fuerte

Cuando llegaron los padres fundadores de este país, no vinieron a invadir. No vinieron a hacer la guerra. No querían pelear con los indígenas, sino que trataron de hacer la paz con ellos. No vinieron a aprovecharse de otros. No vinieron a apoderarse de la riqueza de la tierra. Verdaderamente vinieron en paz. Esto se ha expresado poéticamente de una manera muy bella:

No como viene el conquistador, ellos, los de corazón verdadero, llegaron;

No con el ruido de tambores, y la trompeta que anuncia la fama;

¿Qué buscaban ellos desde lejos? ¿Joyas brillantes de la mina?

¿La riqueza de los mares, los despojos de la guerra? – ¡Buscaban la luz de una fe pura!

Sí, llámala una tierra santa, el suelo donde primero pisaron.

Han dejado sin mancha aquello que allá encontraron –

Libertad para adorar a Dios.[5] Esa era su misión.

Sin embargo, mirando hacia atrás en la historia al tiempo cuando Marcos escribió su evangelio, encontramos que el hombre fuerte tenía una misión diferente, porque el hombre fuerte era el Imperio romano. Por casi mil años, los romanos trajeron paz al mundo. Trajeron una paz que fue obtenida por una filosofía diferente de la de los hombres que fundaron nuestra nación. Sus métodos eran contrarios a los nuestros y contrarios a la Palabra de Dios. Las legiones de Roma marcharon sobre el mundo conocido de entonces. Roma fue parte de la imagen que interpretó Daniel para Nabucodonosor (véase Daniel 2:40). Fue tipificado por el hierro, y Roma era tan dura como el hierro. Los romanos eran hombres de voluntad y de fuerza. Tomaron la tarea hercúlea de regir sobre el mundo, y lo hicieron por mil años. Creían en el poder humano expresado en la ley y el orden, y subordinaban al individuo al

estado en su tentativa de obtener un estado universal. Construyeron carreteras sobre los territorios que conquistaron para darse pronto acceso para que pudieran regir de verdad al mundo. Prometieron ley, orden y protección a los que conquistaban. Y el calcañar de hierro de Roma pisó a la humanidad.

Ellos representaban la idea del poder humano activo en el mundo anciano. Incorporaban esa idea en el estado o imperio, como el repositorio de la ley y la justicia. Llegaron en el proceso del tiempo a deificar al estado como la mayor manifestación concreta del poder. Con la conciencia de nacer para regir al mundo, ellos adelantaban la idea de poder nacional a imperio universal. 5

Augusto César, quien promulgó un edicto de empadronamiento, trasladó a María y José a Belén, era de hecho el sobrino abuelo de Julio César. Su nombre era Cayo Octavio, y él tomó el nombre César porque era un nombre que se opondría al mundo. Pero él quería un título, y el senado le sugirió muchos títulos. Se negó a llamarse rey o dictador, porque ninguno de esos títulos significaba suficiente. Tomó el título de Augusto porque llevaba no solo la connotación de la política sino también la de la religión. Eso es lo que presentaba Roma al mundo. Gibbon, quien probablemente hizo el mayor estudio del Imperio romano, dijo:

El imperio de los romanos llenó el mundo, y cuando el imperio cayó en manos de una sola persona, el mundo vino a ser una prisión segura y triste para sus enemigos. Resistir era fatal y era imposible huir.7 Aunque Roma trajo paz al mundo, era una paz espantosa.

El Dr. Robert Culver escribió uno de los libros más brillantes sobre Daniel que he leído. Escuche lo que tiene que decir:

Hace dos mil años, Roma dio al mundo la unidad ecuménica la cual la Liga de las Naciones y las Naciones Unidas han buscado revivir en nuestro tiempo. Las tentativas modernas no son nada originales (como han supuesto nuestros contemporáneos), sino que son avivamientos del anciano ideal romano el cual desde el tiempo de Augusto César no se han perdido por completo.8 Esto nos da un cuadro del tremendo imperio que regía al mundo cuando nació el Señor Jesucristo.

En relación a esto, el Dr. Gregory dice concerniente al romano: Él quiso probar si su poder humano, tomando la forma de la ley, regulado por principios políticos de los cuales una consideración por la ley y la justicia era más conspicua, podía perfeccionar a la humanidad subordinando al individuo al estado y haciendo al estado universal… Sus hazañas hercúleas y su imperio universal suplen la expresión más alta del alma humana como el repositorio de la energía para moldear al mundo a la ley y al orden.9 El romano, como el hombre del poder, había de atentar la solución de perfeccionar a la humanidad y traer un "milenio" aquí sobre la tierra. Eso, amigo mío, es el asombroso cuadro que se presenta del gran imperio que regía en el día cuando nació Jesús en Belén. Roma representaba el activo poder humano en el mundo anciano. Condujo a una dictadura y finalmente a adoración cuando ese poder fue invertido en un hombre.

En este tiempo Pablo dice: "Pero cuando vino el cumplimiento del tiempo, Dios envió a su Hijo, nacido de mujer y nacido bajo la ley… " (Gálatas 4:4) Jesucristo vivió y murió y resucitó de la tumba en el Imperio romano. Un día un pequeño judío llamado Pablo entró cojeando en la ciudad de Roma con un mensaje, el cual, dijo Gibbon, sacudió al imperio hasta sus cimientos. De este mensaje, Pablo había escrito:

*Porque no me avergüenzo del evangelio, porque es poder de Dios para salvación a todo aquel que cree; **al judío primeramente, y también al griego.*** (Romanos 1:16)

Dios envió un mensaje a ese segmento de la población del mundo en aquel día, el evangelio de Marcos. Juan Marcos es el escritor. Aunque yo quiero elaborar sobre él ya que no es a él que estamos mirando, este joven evidentemente fue enseñado en el pensamiento romano. Él mismo era, aparentemente, un hombre de acción, aunque ciertamente era cobarde al principio (véase Hechos 13:13). Pero salió bien. Su evangelio es realmente el recuento de Simón Pedro. Evidentemente Juan Marcos obtuvo los hechos de Simón Pedro, quien era también un hombre de acción – prefería la acción a la lógica. Y este es el hombre que el Espíritu de Dios escogió para ser el primero en ir a un soldado romano, un centurión y predicar el evangelio.

Vamos a ese récord ahora, ya que es bastante importante. Simón

Pedro había sido instruido por el Espíritu de Dios concerniente al gentil - algo que él nunca había hecho antes. Escúchele mientras va a este hogar romano:

Entonces Pedro, abriendo la boca, dijo: En verdad comprendo que Dios no hace acepción de personas, sino que en toda nación se agrada del que le teme y hace justicia. Dios envió mensaje a los hijos de Israel, anunciando el evangelio de la paz por medio de Jesucristo; éste es Señor de todos. (Hechos 10:34-36)

Pero esta es un nuevo tipo de paz. Es un tipo de paz que no se consigue enviando a un ejército a conseguir, un tipo de paz que viene al hombre desde adentro y no se impone por alguna fuerza exterior. Otro centurión romano, allá en Filipos, fue sobresaltado cuando encontró todas las puertas de la prisión abiertas, suponiendo que los prisioneros se habían escapado. Él no sabía nada del tipo de poder que podía mantener a los hombres sin barras de una prisión. (Véase Hechos 16:26, 27). Un centurión era realista, era un hombre de poder físico, creyendo solo en eso. Ahora siga a Pedro mientras continúa su mensaje al centurión romano:

… cómo Dios ungió con el Espíritu Santo y con poder a Jesús de Nazaret, y cómo éste anduvo haciendo bienes… (Hechos 10:38)

(Eso es interesante porque es lo que pensaba el romano que hacía y lo que creía en hacer – ir de lugar en lugar haciendo bien.)

… y sanando a todos los oprimidos por el diablo, porque Dios estaba con él. Y nosotros somos testigos de todas las cosas que Jesús hizo en la tierra de Judea y en Jerusalén; a quien mataron colgándolo en un madero. (Hechos 10:38, 39) Esta es la manera en que Pedro dio el evangelio al hombre de acción, un romano. Él sigue:

A éste levantó Dios al tercer día, e hizo que se manifestase… (Hechos 10:40) Pedro era un hombre de acción.

La mayoría de los padres de la iglesia concuerda que Simón Pedro es el que dio los hechos a Juan Marcos. Permítame dar solo un par de

citas para apoyar esa declaración. Papías, socio de Policarpo, oyó las palabras de los apóstoles de los que eran seguidores de ellos. Él escribe: "Marcos, el intérprete de Pedro, escribió cuidadosamente todo lo que él recordaba, pero no según el orden de los discursos ni las obras de Cristo."10 Y Tertulio, una de las grandes mentes del Norte de África (era de Cartago), escribió que el evangelio que "publicó Marcos puede afirmarse ser de Pedro, cuyo intérprete Marcos era."11 Encontramos a Eusebio diciendo lo mismo, y Clemente dice que había un grupo de caballeros romanos que pidieron que Simón Pedro dejara por escrito las cosas que él les había enseñado, y que fue Juan Marcos quien escribió por él.12

> *Fue DaCosta, en su libro sobre Marcos, que dijo que el estilo del evangelio de Marcos se parece mucho a los comentarios de César. Marcos es breve y al grano. Cuarenta veces la palabra "luego" ocurre. Su palabra de más uso es "y". Jesús hizo esto... e hizo esto otro... e hizo aquello. Así es el evangelio de Marcos.*

Marcos enfatiza los milagros. De los milagros físicos que Cristo hizo, doce de ellos se dan en el evangelio de Marcos. Hay cinco milagros de la naturaleza: Él calma la tormenta, alimenta a los cinco mil, camina sobre el mar, alimenta a los cuatro mil, maldice la higuera. Y entonces hubo diez milagros espirituales de echar fuera demonios. Marcos da solo un milagro sobrenatural – Jesús levantó a un muerto. (¡Y Ud. necesita solo uno para probar quién es Jesús!) El récord de marcos es el evangelio de los milagros. Es el evangelio de la acción. Jesús es el Rey, el Conquistador todopoderoso aquí. Él eclipsa a todos los conquistadores y los Césares de Roma, y corrige lo que había de mal en ellos. Y cuando Ud. marcha por Marcos, Ud. está marchando con uno que es un Hombre de poder quien puede alcanzar a hombres de poder. Por lo tanto, Ud. no tiene un orden lógico ni cronológico en Marcos. Se mueve en suceso rápido de milagro en milagro, culminando en la muerte y la resurrección del Señor Jesús.

Ahora vamos a mirar el primer capítulo de Marcos. Puede que no logre comunicarle esto, así que permítame decir desde el principio que hay aquí, sin duda, uno de los capítulos más remarcables de la Palabra de Dios. Todos los hechos que hay aquí, los encontramos en los otros evangelios, pero no se cuentan allí como los cuenta Marcos. Note cómo empieza:

Principio del evangelio de Jesucristo, Hijo de Dios. (Marcos 1:1) Espere un momento, Marcos, cuéntenos de Su nacimiento. No, no hay un bebé en Belén en el récord de Marcos. ¿Qué le importaban los bebés a César? Si le gustaría saber si le importaban o no, él firmó el decreto sobre impuestos exigiendo que todos fueran a registrarse. Fue invierno y probablemente alguien con corazón protestó: "¿Por qué en el invierno? Hay muchas mujeres con bebés." Él probablemente dijo: "¿A mí que me importan los bebés? Nace uno cada minuto. No me interesan." Así que el evangelio de Marcos no se abre con un bebé en Belén – eso habría sido debilidad a la mente romana. Mateo y Lucas nos cuentan de la Natividad, pero no Marcos. En otras palabras, Ud. no encontrará fotos de ningún César de bebé. Cuando yo estaba en Roma, fui a ver lo que había. Había estatuas de los Césares. Y, amigo, yo no quisiera estar allí de noche. Hasta esculpidos en piedra, ellos son una multitud de aspecto temible. No hay ningún bebé allí.

*Como está escrito en Isaías el profeta: **He aquí yo envío mi mensajero delante de tu faz, el cual preparará tu camino delante de ti.*** (Marcos 1:2) El segundo versículo revela otro hecho tremendo: no hay genealogía aquí. Después de todo, al romano no le importaba ni Abraham ni David. La pregunta del romano era: "¿Qué puede *hacer* Jesús? Queremos saber lo que puede *hacer*." Y cuando un hombre viene a su casa a hacerle algún trabajo, Ud. le pregunta si puede o no hacer ese trabajo. Suponga que él le dice: "Mis ancestros vinieron en el *Mayflower*." A Ud., ¿qué le importa si sus ancestros vinieron en el *Mayflower*? Ud. quiere saber si puede reparar el televisor. Permítame decirle, el romano quería saber lo que Jesús podía *hacer*; no le importaba Su ascendencia. Marcos empieza con Juan el Bautista, quien introduce a Este. Juan aparece como la voz clamando en el desierto, haciendo esta tremenda declaración que el romano no perdería.

> *Bautizaba Juan en el desierto, y predicaba el bautismo de arrepentimiento para perdón de pecados.* (Marcos 1:4)

El romano en este punto habría levantado las manos y habría dicho: "Nadie puede perdonar pecados, ni tan siquiera Roma. Damos justicia al mundo, damos la ley al mundo, pero no damos misericordia." Roma jamás ejerció misericordia. Era siempre justicia. Los pecados no se perdonaban. Si Ud. quebraba la ley, pagaba la penalidad. ¡Y aquí hay

uno que habla de la remisión de los pecados!

Note que Juan ahora dice que este es mayor que él.

Viene tras mí el que es más poderoso que yo, a quien no soy digno de desatar encorvado la correa de su calzado. (Marcos 1:7) Él es mayor que César. "Él es tan grande," dice Juan, "que yo ni soy digno de desatarle la correa de Sus zapatos."

Yo a la verdad os he bautizado con agua; pero él os bautizará con Espíritu Santo. (Marcos 1:8) Esa es la manera en que Él iba a ser mayor que Juan.

Note lo que sucede:

> *Aconteció en aquellos días, que Jesús vino de Nazaret de Galilea, y fue bautizado por Juan en el Jordán.* (Marcos 1:9)

Esto es acción, amigo – "luego" se usa cuarenta veces en este evangelio.

> *Y luego, cuando subía del agua, vio abrirse los cielos, y al Espíritu como paloma que descendía sobre él.* (Marcos 1:10)

El cielo le responde a Este, a propósito, y el cielo nunca había respondido a César, aunque él reclamaba sanción religiosa.

> *Y vino una voz de los cielos que decía: Tú eres mi Hijo amado; en ti tengo complacencia. (*Marcos 1:11)

Dios en el cielo identifica a Este quien ha venido, y Dios le recomienda.

Ahora Jesús ha de ser iniciado. ¿Puede aprobar la prueba? Ningún César habría podido – Roma cayó desde adentro. Cuando los Césares empezaron a dar las orgías bacanales, las cuales duraban, no un día ni una semana, sino hasta un mes, entonces Roma ya no era apta para regir al mundo, y César vino a ser un afeminado que no salía de las murallas de Roma, aunque la frontera se encontraba allá en Galia.

Ahora note la tentación de Jesús:

Y luego el Espíritu le impulsó al desierto. (Marcos 1:12) Note la urgencia de todo esto.

Y estuvo allí en el desierto cuarenta días, y era tentado por Satanás, y estaba con las fieras, y los ángeles le servían. (Marcos 1:13) Él aprobó la prueba. Y creo que las fieras no eran salvajes para con Él. No lo eran. Lo que Marcos está diciendo es que tanto las fieras desde abajo como los ángeles desde arriba le ministraban. Él rige sobre la naturaleza, Él rige sobre el mundo animal y Él rige a los ángeles. Roma jamás tuvo un César como Este, a propósito. Ellos no sabían de tal hombre como Este.

Jesús encontró al mayor enemigo de todos. El mayor enemigo no era lo que encontró Julio César en el norte de Galia. Nuestro Señor conoció a Satanás, el enemigo que vence a tantos de nosotros hoy. Satanás tentó a nuestro Señor pero no pudo conquistarle.

Él ahora está marchando. Note:

Después que Juan fue encarcelado, Jesús vino a Galilea predicando el evangelio del reino de Dios, diciendo: El tiempo se ha cumplido, y el reino de Dios se ha acercado, arrepentíos, y creed en el evangelio. (Marcos 1:14, 15)

¡Qué mensaje!

Ahora nuestro Señor está llamando a Sus seguidores:

Andando junto al mar de Galilea, vio a Simón y a Andrés su hermano, que echaban la red en el mar; porque eran pescadores. (Marcos 1:16) Ahora Marcos nos da un día en la vida de nuestro Señor:

Y entraron en Capernaum; y los días de reposo, entrando en la sinagoga, enseñaba. (Marcos 1:21) Él está trabajando los días de reposo. Cuando le cuestionaron más tarde en cuanto a ello, Él dijo: "Mi Padre hasta ahora trabaja, y yo trabajo." (Juan 5:17) En otras palabras: "hay un hombre caído en un hoyo. Le estamos sacando. Le estamos redimiendo."

*Y se admiraban de su doctrina; **porque les enseñaba como quien tiene autoridad, y no como los escribas.*** (Marcos 1:22) Él pasó esa mañana entera en la sinagoga enseñando.

¿Qué hizo por la tarde? Marcos nos dice que fue a quedarse con Simón Pedro en la casa de él.

*Y la suegra de Simón estaba acostada con fiebre; **y en seguida le hablaron de ella. Entonces él se acercó, y la tomó de la mano y la levantó; e inmediatamente le dejó la fiebre, y ella les servía.*** (Marcos 1:30, 31) No hay nada de magia cuando Él sana. Las personas no caían al suelo; se paraban y se iban caminando.

Bien, se supone que, después de un día como este, tendrá la tarde libre. Pero no es así.

*Cuando llegó la noche, luego que el sol se puso, le trajeron todos los que tenían enfermedades, y a los endemoniados; **y toda la ciudad se agolpó a la puerta.*** (Marcos 1:32, 33) Ud. no ha leído bien a los evangelios si no ha descubierto que hubo literalmente miles de personas de aquel día que fueron sanadas por Él. No es sorprendente que el enemigo nunca cuestionara Sus milagros. Hubo miles de cojos que ahora caminaban, miles de ciegos que podían ver, miles de sordos que podían oír ahora. Eso es lo que Él hacía toda esa tarde.

Él ha tenido un día muy ocupado, ¿verdad? Temprano la próxima mañana se levantó y salió a orar. Tenía otro día ocupado delante. Y cuando vino a Capernaum sanó a un leproso, y ese leproso desobedeció a nuestro Señor. Jesús le dijo: "No se lo digas a nadie." Pero le contó a todo el mundo, y la muchedumbre vino para que Jesús no pudiera hacer la obra que había venido para hacer. Él realmente no era un taumaturgo; había venido con otra misión. Su propósito no era hacer milagros sino a preparar a aquellos que le rodeaban para el hecho de que iba a la cruz a morir. Por las muchedumbres, Él tuvo que retirarse de Capernaum.

Algún tiempo después Él volvió a Capernaum, and corrió palabra que estaba allí. Otra vez le rodearon tanto que, para alcanzarle, un hombre fue bajado por el techo. A él, nuestro Señor dijo algo que asombró a los romanos:

Al ver Jesús la fe de ellos, dijo al paralítico: **Hijo, tus pecados te son perdonados.** (Marcos 2:5) Hasta los escribas que estaban allí dijeron: "¿Quién puede perdonar pecados sino solo Dios?" (Marcos 2:7) Y Roma dijo: "Ni Dios puede perdonar pecados. Nosotros los castigamos. ¿Quién es este que dice que perdona pecados?" Bueno, Él es el Hijo de Dios. El mundo en aquel tiempo estaba enfermo y cansado de la justicia. Oigo a mucha gente decir hoy: "Todo lo que quiero es justicia de Dios." No es así. Ud. estaría en prisión si recibiera justicia. Amigo mío, lo que Ud. y yo queremos es misericordia. Y eso es lo que quería Roma en aquel día; es lo que Roma quería oír. Más tarde vino este hombre a Pablo, quien escribió a estos romanos. Yo quisiera oír lo que les dijo a ellos. Es, sin duda, una declaración remarcable.

Por cuanto todos pecaron, y están destituidos de la gloria de Dios. (Romanos 3:23) Esto significa que César es culpable. El Senado es culpable. La corrupción está por todos lados. Todos han pecado.

... siendo justificados gratuitamente por su gracia, mediante la redención que es en Cristo Jesús, a quien Dios puso como propiciación por medio de la fe en su sangre, para manifestar su justicia, a causa de haber pasado por alto, en su paciencia, los pecados pasados... (Romanos 3:24, 25) En otras palabras, Pablo está diciendo que Jesús es el propiciatorio por nuestros pecados. Había un pobre publicano que oró: "Oh, Dios, haz un propiciatorio para que yo me acerque a él." Y muchos en el Imperio romano estaban cansados de oír de justicia y ley. Ahora, aquí viene el mensaje de un propiciatorio al cual pueden venir y ser perdonados los hombres. Sin embargo, se mantiene la justicia, y se mantiene la justicia porque Este (¡Qué contraste es Él con César!) murió por sus súbditos. ¡Ningún César romano hizo eso jamás!

Un día se le entregó a un prisionero a un centurión romano. Él había llevado a ese prisionero con los otros – podía haber habido de cien a trescientos allí ese día. Pero este prisionero era diferente, y pronto supo por qué. Para comenzar, en este negocio de clavar a hombres a una cruz él había sido maldecido en toda lengua del Imperio romano – pero no por este Hombre. Él dijo: "Padre, perdónalos, porque no saben lo que hacen." (Lucas 23:34). El centurión romano miró y dijo: "Él es diferente. Nunca antes oí tal cosa." Y entonces él presenció los eventos que tuvieron lugar allí. Tres horas, dice Marcos, estuvieron en luz, y el

hombre hizo su peor. Tres horas de oscuridad siguieron en las cuales Dios hizo Su mejor, porque en esas últimas tres horas, la cruz vino a ser un altar sobre el cual "el Cordero de Dios, que quita los pecados del mundo" fue ofrecido (Juan 1:29).

Cuando vuelve la luz, el centurión romano, quien había estado con la otra gente, ahora se para debajo de la cruz:

Y el centurión que estaba frente a él, viendo que después de clamar había expirado así, dijo: Verdaderamente este hombre era Hijo de Dios. (Marcos 15:39) Alguien dice: "Bueno, él no sabe mucha teología, ¿verdad?" No, él nunca leyó *Strong's Theology* (La teología de Strong), y nunca leyó ninguno de mis libros tampoco. Pero Dios nunca le pide a un pecador que haga solo una cosa: tomar su lugar debajo de la cruz. Y eso es lo que hizo. Él sabía por lo menos eso – sabía que Jesús era el Hijo de Dios.

Hombres murieron por el emperador. Muchas veces en ese gran Coliseo en Roma, los gladiadores se acercaban a César and decían: "Nosotros que estamos a punto de morir por ti te saludamos." Daban sus vidas por su emperador. En contraste, Jesús el Hijo de Dios, daba Su vida por Sus súbditos. Pablo dijo: "… a fin de que él sea el justo, y el que justifica al que es de la fe de Jesús" (Romanos 3:26). Después de la Segunda Guerra nuestra nación llegó a ser la más poderosa del mundo. Tuvimos una gloriosa oportunidad para influenciar al mundo por bien y para Dios. No lo hicimos. Los americanos empezaron a viajar por todo el mundo, y apareció un libro titulado *The Ugly American*. El americano orgulloso, arrogante, maldiciente, borracho se veía en todos los continentes. "América es una nación cristiana," decía él, pero tomaba el nombre de Dios en vano y vivía como si no existiera – *él* no tenía necesidad de Él. Los americanos se volvieron a Washington en vez de adorar; creyeron en el gobierno, no en Dios; fueron a las oficinas del gobierno en vez de ir a la Biblia.

Para expresarlo simplemente, estamos en un lío. James Reston, quien es un liberal pero un escritor brillante, hizo esta observación antes de una elección: Lo que está equivocado aquí es que ninguno de los candidatos presidenciales tiene la respuesta a los problemas de la nación. Si Ud. lee las noticias políticas hoy, es difícil escapar de la

conclusión de que nadie es apto para ser presidente. Cada candidato a su turno describe nuestros problemas con tales términos deprimentes que inevitablemente se elimina como el hombre que puede resolverlos. ¡Qué cuadro – una nación llena de problemas insolubles! Y no vale mirar a la iglesia. La iglesia de hoy está en una posición de compromiso, corrupción y confusión. No puede resolver los problemas de la nación.

¿Hay alguna esperanza para nosotros? Sí. Le entrego hoy el evangelio de Marcos. Es para el hombre fuerte, el que piensa que no necesita a Dios. El romano finalmente llegó a esa posición, cuando su imperio cayó, que él no tenía la solución. Y, sobre ese imperio, salió el movimiento más grande que haya visto el mundo. Fue mayor que la Reformación. Literalmente millones se volvieron a Cristo. ¿Por qué? Porque aprendieron del Hombre Cristo Jesús, quien murió por sus pecados. Por Su sacrificio Él podía ofrecer misericordia y aún ser justo. Hoy Su oferta es la misma. Solo Él puede resolver los problemas de su vida.

Aunque Él le salvará solo por fe, cuando Ud. llega a ser Suyo, Él será un dictador más grande aún que César. Él dice:

El que ama a padre o madre más que a mí, no es digno de mí; el que ama a hijo o hija más que a mí, no es digno de mí... (Mateo 10:37) Él también dijo:

Si alguno quiere venir en pos de mí, niéguese a sí mismo, y tome su cruz, y sígame. (Marcos 8:34) Vamos a dejar toda esta cosa de encender velas y decir: "Dedico mi vida a Él." Amigo mío, hasta que Ud. no esté dispuesto a seguirle y pagar un precio, Ud. no le está siguiendo. Solo piensa que lo está haciendo. Él demanda su rendimiento. Él es mayor que César. Él es el poderoso Conquistador. ¿Se atreve Ud. a seguirle? Creo que Él está cansado de todos estos cristianos que son débiles y que se comprometen y tienen miedo de parase por aquello que es correcto hoy. Él le está llamando. Pero no venga a Él a menos que sea serio.

Porque el Hijo del hombre vino a buscar y a salvar lo que se había perdido.

Lucas 19:10

Lucas: Escrito para el hombre pensante

Al fin del siglo diecinueve, había una ola de escepticismo que cubrió a Europa y las Islas Británicas. Había engaño y desilusión con el optimismo que la era victoriana había producido. Había, en el lado más liviano, una rebelión contra ellos, la cual produjo los "Gay Nineties." También causó que muchos escolásticos empezaran una investigación más seria de la Biblia, la cual había sido el libro de instrucción para la era victoriana. Algunos eran escépticos antes de comenzar, y otros eran cínicos.

Había en aquel tiempo un joven escolástico brillante en Cambridge que se llamaba William Ramsay. Él era agnóstico y quería desaprobar la exactitud de la Biblia. Él sabía que Lucas había escrito un récord histórico de Jesús en su evangelio y del viaje misionero de Pablo en el Libro de los Hechos. Y este brillante joven escolástico sabía que todos los historiadores cometen errores y que muchos de ellos son mentirosos. En la obra de Will y Ariel Durant en el campo de la historia aparece esta declaración:

Nuestro conocimiento del pasado es siempre incompleto, probablemente incorrecto, nublado por evidencia ambivalente e historiadores parciales, y tal vez distorsionado por nuestro partidismo patriótico y religioso. La mayor parte de la historia es adivinada; el resto es perjucio.[13]. Es seguro decir que esta era la misma actitud de Sir William Ramsay cuando fue como arqueólogo a Asia Menor para desaprobar al Dr. Lucas como historiador. Sin embargo, no resultó así. Él examinó los viajes de Pablo. Probablemente él es el hombre que ha hecho el estudio más detenido de Asia Menor, y él llegó a la conclusión de que el Dr. Lucas no había cometido ni una inexactitud histórica. Esto causó que este hombre llegara a ser creyente y un defensor de la fe.

El Dr. Lucas escribió su evangelio de la persona de Cristo por un doble propósito. Primero de todo, él tenía un propósito histórico. Lucas escribió la narrativa histórica más completa del Señor Jesucristo que hay en la Biblia. Él definitivamente tenía un propósito literario. Él tiene más referencias de gran alcance a instituciones, costumbres, geografía e historia de aquellos tiempos que cualquier otro escritor evangélico. Por ejemplo, note cómo fechó el nacimiento de Cristo en Lucas 2:1, 2 – era en los días de Augusto César, y hasta lo especifica al tiempo que Cirenio era gobernador de Siria.

Tengo mucho respeto por Lucas personalmente. Es el único gentil que escribió o que hizo cualquier contribución al canon de la Escritura. Escribió dos libros: Lucas y Hechos. Quizá Ud. me dice: "¿Cómo sabe Ud. que él era gentil?" Creo que tenemos buena evidencia que lo era. Pablo, quien le conocía como compañero cercano, al dar una lista de los santos de la iglesia primitiva de aquel día, nombra a un grupo de los que eran "de la circuncisión" (israelitas). Concluyó esa lista comentando: "… que son los únicos de la circuncisión que me ayudan en el reino de Dios, y han sido para mí un consuelo." (Colosenses 4:10,11) – los colosenses eran gentiles. Entonces en el versículo 14 él escribió: "Os saluda Lucas el médico amado, y Demas." Así que, en la lista de israelitas él no mencionó a Lucas, y cuando mencionó a los gentiles, incluyó a Lucas. Esto me lleva a creer que Pablo, quien le conocía íntimamente, sabía que él era gentil.

Lucas era médico. Usó más términos que el mismo Hipócrates, el padre de la medicina. Y acabamos de leer que Pablo le llamó "el médico amado".

Lucas era un compañero del apóstol Pablo, y le acompañó por lo menos en dos (y probablemente tres) de sus viajes misioneros. Cuando digo tres, considero su viaje a Roma como viaje misionero. Una sección en Hechos 16 lo hace claro que el Dr. Lucas viajó con él. En el segundo viaje misionero, Lucas cuenta de Pablo cuando pasó por el área de las iglesia de Galacia, y que quería ir a Bitinia, "… pero el Espíritu no se lo permitió." (Hechos 16:7) Y entonces Lucas escribe:

> *Cuando vio la visión, en seguida procuramos partir para Macedonia, dando por cierto que Dios nos llamaba para que les anunciásemos el evangelio. Zarpando, pues, de Troas, vinimos con rumba directo a Samotracia, y el día siguiente a Neápolis…* (Hechos 16:10, 11)

Esta es lo que se llama la sección de segunda persona plural (nosotros) porque hace evidente que el Dr. Lucas se había unido al grupo misionero en Troas. A propósito, ese era un lugar para él unirse a ellos porque iban a Grecia, y el Dr. Lucas probablemente era griego. Muchos creen que era un convertido del apóstol Pablo. Al final de la vida de Pablo, cuando escribió su "canto del cisne" en 2 Timoteo y sabía que iba a morir, él podía decir: "Solo Lucas está conmigo" (2 Timoteo 4:11). Lucas

se quedó con Pablo justo hasta el fin. Él era un amigo fiel. Lucas era también poeta. Solo él incluye los cánticos de Navidad. Si los ha leído, Ud. debe ir desde los primeros dos capítulos de su evangelio y leer estos cánticos. Son bellos. Lucas era un artista. Vimos que Marcos enfatizaba los milagros de Cristo, presentando al Señor a los romanos como el hombre de acción. Pero aquí en el evangelio de Lucas, Cristo da Sus parábolas maravillosas y sin par. Solo Lucas da las parábolas del hijo pródigo, el buen samaritano y el rico necio.

El Dr. Lucas era probablemente igual a Pablo en su educación y en su inteligencia. Ellos escribieron el mejor griego que tenemos en el Nuevo Testamento. Fue mi privilegio por dos años enseñar el primer año de griego, y siempre concluíamos el último semestre leyendo el evangelio de Juan en el griego. Francamente, es fácil de leer. Cualquiera podría aprender a leerlo en griego Y muchos de los estudiantes, cuando habían terminado de leerlo, pensaban que habían conquistado el griego. Así que siempre les refería a la primera oración en el evangelio de Lucas, la cual les hacía preguntarse si sabía siquiera un poco del griego. Es sin duda una de las oraciones más profundas jamás compuestas. Revela el hecho de que su propósito, el primero mencionado – el propósito externo, como algunos le llaman – era histórico. Note esto.

Puesto que ya muchos han tratado de poner en orden la historia de las cosas que entre nosotros han sido ciertísimas, tal como nos lo enseñaron los que desde el principio lo vieron con sus ojos, y fueron ministros de la palabra, me ha parecido también a mí, después de haber investigado con diligencia todas las cosas desde su origen, escribírtelas por orden oh excelentísimo Teófilo, para que conozcas bien la verdad de las cosas en las cuales has sido instruido. (Lucas 1:1-4) Hay varias cosas en esta primera oración que son importantes, pero los paso por encima. Voy a sacar solo dos palabras muy importantes: "testigos" y "ministros".

"Testigo ocular" es el griego *autoptai*. ¿Suena eso como algo que Ud. ha oído antes? *Auto* es la misma palabra que aparece en "automóvil," que significa lo que existe de sí mismo. Y de *opsomai* viene nuestra palabra "óptico". Significa "ver" y "ver por uno mismo," lo cual indica un testigo ocular. Aunque esa es una buena traducción, perdemos algo en la traducción porque es un término médico, y significa hacer una autopsia.

La palabra "ministro" aquí es otro término interesante. No es la palabra de la cual viene nuestra palabra "diácono". Más bien es la palabra griega *huperatai*, que significa "un remero de abajo en un barco." En un hospital, "el remero de abajo" sería un interno. El Dr. Lucas está diciendo que todos ellos eran solo internos al Gran Médico. Pero lo que el Dr. Lucas está diciéndonos es que como médico y escolástico, él hizo una autopsia de los récords de lo que habían sido testigos oculares. Y, amigo, una autopsia de Jesús es muy importante. Significa disecar, examinar, derramarle en una probeta y examinarle bajo un microscopio. Una autopsia se usa hoy por el médico forense para determinar la causa de la muerte. A menudo esta información es de vital importancia. El Dr. Lucas sabía de esta importancia, y dijo: "Se hizo una autopsia de Jesús". Amigo, eso es importante. Si Ud. es escéptico, debe escuchar al hombre que es un escolástico brillante, y le dará los resultados de la autopsia.

El Dr. Lucas puso su estetoscopio espiritual de inspección sobre el bebé en Belén, y él es uno que declara que nació de una virgen. Prefiero aceptar su palabra que la palabra de cualquier teólogo en cualquier seminario hoy.

También, allí en la cruz, el Dr. Lucas puso ese estetoscopio sobre Él y dijo: "Está muerto." Y entonces, al tercer día, él dijo: "Está vivo." ¿Quiere Ud. evidencia? Lea al Dr. Lucas; él le dará evidencia.

Ahora Lucas tenía otro propósito a la vista cuando escribió su evangelio. Él presenta al divino Hijo de Dios, perfecto. En el evangelio de Mateo, Él es el Mesías que cumple todas las profecías del Antiguo Testamento. Él es el Rey y, mientras Ud. progresa por el evangelio de Mateo, Ud. piensa en las palabras que dijo el Rey Lear, según Shakespeare: "Ay, cada pulgada de un rey."14 Él es rey en Mateo, pero aquí Él es el Redentor. En el evangelio de Marcos, Él es el poderoso Conquistador, el Regidor viril de este universo, el Único que puede regirlo. Pero en el evangelio de Lucas Él es nuestro Gran Sumo Sacerdote, que se compadece de nuestras debilidades. Y hoy Él puede extender ayuda y misericordia y amor a cualquier otro ser humano porque Él pasó por todo ello aquí.

El Dr. Lucas escribió para su pueblo, los griegos, tal como Mateo había escrito para *su* pueblo. Hemos visto que el evangelio de Mateo fue dirigido al elemento religioso, la nación de Israel. El evangelio de

Marcos fue dirigido al gobierno romano, el cual creía que la ley y la justicia resolverían los problemas del mundo. Pero Grecia era otro segmento de la población, y era uno de los segmentos más importantes de la humanidad.

En el cuarto siglo a.C., Grecia puso sobre el horizonte de la historia la exhibición más brillante y estimulante del genio humano que jamás haya visto el mundo. Hasta el hoy de hoy, no se ha ni aproximado a ello. Intentaron llevar a la humanidad al lugar de la perfección.

Los griegos se distinguen claramente de las otras grandes razas históricas por ciertas características marcadas. Eran los representantes de la razón y la humanidad en el mundo anciano. Se veían como teniendo la misión de perfeccionar a los hombres.[15] Pensaban que iban a desarrollar al hombre perfecto. Se encuentra en su arte y en su estatuaria. Intentaron producir al hombre perfecto físicamente. Y nadie jamás esculpió ni pintó como Fidias y Praxíteles. No solo intentaron hacerle la persona bella, sino también desarrollado mentalmente. Produjeron a Sócrates, Platón y Aristóteles en ese periodo. Y no hay sistema de filosofía en el mundo que no esté endeudado con estos tres hombres. No solo eso, sino que produjeron gigantes literarios. Si Ud. escoge a diez de los poetas más sobresalientes, tendría que poner a Homero entre ellos. También, produjeron a los dramaturgos Eurípides y Sófocles, y el orador más dorado de todos, Demóstenes. Intentaron alcanzar al hombre universal. El hombre-mundo era el que buscaban. También, hicieron sus dioses en la semejanza de ellos mismos Hicieron bellas estatuas de Apolo, Venus, Atenas y Diana. Deificaron, sin embargo, todo lo del hombre – sus cualidades nobles pero también sus pasiones viles, tales como en Afrodita (el sexo – los griegos sabían mucho en cuanto a eso), Cupido, Baco y Pluto. No solo crearon bellas gracias, sino las Furias vengadoras porque hacían una proyección de la humanidad. Esta fue la cultura que produjeron. Entonces Alejando Magno vino. De él, Conybeare y Howson dijeron:

Él levantó las mallas de la red de la civilización, la cual yacía en desorden al borde de la orilla asiática, y las esparció sobre todos los países que atravesaba en sus maravillosas campañas. Se construyeron nuevas ciudades como los centros de la vida política. Se abrieron nuevas líneas de comunicación, como canales de actividad comercial. La

nueva cultura penetró las cordilleras de Pisidia y Laconia. El Tigris y el Éufrates llegaron a ser ríos griegos. La lengua de Atenas se oyó entre las colonias judías de Babilonia; y una Babilonia griega fue construida por el conquistador en Egipto y fue llamado por su nombre.16 Esa ciudad es Alejandría en Egipto, por supuesto, Esta es la contribución que hicieron los griegos al mundo.

Sin embargo, los griegos perdieron de vista lo spiritual. Este mundo era su hogar, era su lugar de vivienda, era su escuela, era su taller y era también su sepulcro. Y cuando el apóstol Pablo entró en la ciudad de Atenas, empezó su mensaje sobre el areópago, diciendo:

Varones atenienses, en todo observe que sois muy religiosos; porque pasando y mirando vuestros santuarios, hallé también un altar en el cual estaba esta inscripción: AL DIOS NO CONOCIDO. (Hechos 17:22, 23) No le conocían. Los atenienses culturales eran escépticos – llamaban a Pablo un balbuceado y se mofaron de él cuando hablaba de la resurrección. Y Pablo escribió a los corintios que la predicación de la cruz era "tropezadero" al griego (1 Corintios 1:23). Cuando Pablo escribió a los efesios, él escribía para la mente griega, porque Asia Menor fue poblada por los griegos y, en efecto, él les dijo: "En el tiempo pasado Uds. eran gentiles, sin esperanza y sin Dios en el mundo." La cultura griega no había traído al hombre a Dios.

Fue entonces "… cuando vino el cumplimiento del tiempo, Dios envió a su Hijo, nacido de mujer…" para redimirlos (Gálatas 4:4). Y por un camino romano vino Pablo con el evangelio en una lengua universal. Dios había levantado a Roma a construir caminos para que el evangelio pudiera penetrar ese gran imperio. Por esos caminos fue un evangelio global del Hombre perfecto que murió por los hombres del mundo. El vehículo fue la lengua griega. Y allá en Alejandría en Egipto, durante el tercer siglo antes de Cristo, setenta escolásticos se reunieron y tradujeron el Antiguo Testamento al griego para que uno de los mejores manuscritos que tenemos hoy sea esa Septuaginta. También el Nuevo Testamento fue escrito en griego. Neander hizo esta declaración:

Las tres grandes naciones históricas tuvieron que contribuir, cada una en su manera peculiar, para preparar el terreno para la siembra del cristianismo – los judíos del lado del elemento religioso; los griegos del

lado de la ciencia y el arte; los romanos, como maestros del mundo, del lado del elemento político.17 Este es el cuadro: La religión de Israel podía producir solo a un fariseo, el poder de Roma podía producir solo a un César y la filosofía de Grecia podía producir solo un gigante global que era de corazón un bebé. Y el Dr. Lucas escribió para la mente griega. Él dijo: "He aquí su Hombre perfecto, Jesús de Nazaret. Aquí está el Hombre universal. He aquí al que han estado buscando. He aquí el que puede resolver sus problemas si vendrán a Él". … cuando vino el cumplimiento del tiempo, Dios envió a su Hijo.

Mire conmigo al nacimiento de Este. Ya que en el recuento de Lucas Él es el Hombre perfecto, Él tiene que ser un bebé perfecto. Ud. no encontrará a un bebé en Marcos, pero sí en Lucas. Los dioses de los griegos tenían ascendencia, pero este recuento es muy diferente. Una joven campesina dio a luz a un Hijo divino. ¿Quisiera Ud. que el Dr. Lucas le cuente cómo vino a pasar? Él estaba en una mejor posición para contarnos que cualquier hombre vivo hoy, no importa quién sea. Lea el evangelio de Lucas, empezando con el capítulo 1, versículo 26. Después de que apareció el ángel a María e hizo el asombroso anuncio a ella, María misma fue la primera en cuestionar el nacimiento virginal. Ella dijo: "¿Cómo será esto? Pues no conozco varón. (Lucas 1:34) Ahora escuche al Dr. Lucas:

*Respondiendo el ángel, le dijo: **El Espíritu Santo vendrá sobre ti, y el poder del Altísimo te cubrirá con su sombra; por lo cual también el Santo Ser que nacerá, será llamado Hijo de Dios**.* (Lucas 1:35) O lo acepta o no lo acepta; ese es su privilegio. Pero no me gustan esos predicadores que dicen que la Biblia no enseña el nacimiento virginal. No estoy a favor de la educación sexual en las escuelas para muchachitos, pero creo que algunos predicadores en el lado liberal la necesitan porque no parecen entender lo que él está diciendo. Me parece a mí que el Dr. Lucas lo hizo muy claro en cuanto a cómo sucedió. Él hizo claro que Jesús nació de una virgen. El Dr. Lucas es el obstétrico.

Ahora él tiene algo que decir de esta maravillosa historia del nacimiento de este muchacho:

*Pero el ángel les dijo: **No temáis; porque he aquí os doy nuevas de gran gozo, que será para todo el pueblo**.* (Lucas 2:10) No pierda eso – es para

todo el pueblo. Él es el Hombre universal y perfecto.

...os ha nacido hoy, en la ciudad de David, un Salvador, que es CRISTO el Señor. (Lucas 2:11) Grecia se hundía, Roma se hundía, Israel se hundía. Y Dr. Lucas dice: "Él es el Salvador de todos los hombres.'"

Esto no es solo literatura superba, sino que el informe de un médico.

Y dio a luz a su hijo primogénito, y lo envolvió en pañales, y lo acostó en un pesebre, porque no había lugar para ellos en el mesón. (Lucas 2:7) George MacDonald, en su bello poema "La cosa santa," dijo:

Todos ellos esperaban a un rey

Que acabara con sus enemigos y los levantara en alto: Tú viniste, un pequeño bebé

Que hizo llorar a una mujer.

Él nació de una mujer, y ella lo envolvió en pañales. Vamos a ponerlo en el lenguaje de hoy. El Dr. Lucas dice que ella le puso pañales a Dios – Dios el Hijo nació "¡un bebito!" El Dr. Lucas no ha terminado. Él era no solo el obstétrico, sino también llegó a ser el pediatra. Él es el único que nos dice algo de la niñez de Jesús:

... y cuando tuvo doce años, subieron a Jerusalén conforme a la costumbre de la fiesta. (Lucas 2:42) Él nos da un incidente que tuvo lugar cuando Él era un muchacho. Él puso su estetoscopio sobre Él y dio su informe:

> *Y descendió con ellos, y volvió a Nazaret, y estaba sujeto a ellos. Y su madre guardaba todas estas cosas en su corazón. Y Jesús crecía en sabiduría y en estatura, y en gracia para con Dios y los hombres.* (Lucas 2:51, 52)

Él creció en sabiduría – mentalmente, él estaba del todo bien. No necesitaba ir a un siquiatra. Él crecía en estatura – físicamente, estaba creciendo. No me gustan estas personas que dicen que Él llevaba todas las enfermedades del mundo en Su cuerpo. No es así. Él era un

ejemplo de la humanidad perfecta. Cuando Él fue al templo aquel día para limpiarlo, ellos le vieron los músculos, y esa muchedumbre de cambistas corrió porque tenían miedo. Vieron que Él era capaz físicamente de echarlos. También Él crecía "en favor con Dios y con los hombres". Creció espiritualmente como ningún otro muchacho.

El Dr. Lucas no ha acabado. Y si Ud. va a parar ahí, ha perdido hasta la historia de la Navidad. Lucas estaba allí para registrar Su muerte.

Entonces Jesús, clamando a gran voz, dijo: **Padre, en tus manos encomiendo mi espíritu. Y habiendo dicho esto, expiró.** (Lucas 23:46) El Dr. Lucas había estado presente a la muerte de muchas personas, pero Jesús no murió como las otras personas. Cuando un hombre respira por última vez, eso se llama el estertor. Jesús no murió así – Él encomendó Su espíritu. Eso es diferente. Él es el Hombre divino.

El Dr. Lucas no solo nos da un récord de Su muerte, sino que también estaba presente para poner su estetoscopio sobre Él después de la resurrección. Escuche a Jesús mientras habla con Sus discípulos:

Mirad mis manos y mis pies, que yo mismo soy; palpad, y ved; porque un espíritu no tiene carne ni huesos, como veis que yo tengo. Y diciendo esto, les mostró las manos y los pies. Y como todavía ellos, de gozo, no lo creían, y estaban maravillados, les dijo: ¿Tenéis aquí algo de comer? Entonces le dieron parte de un pez asado, y un panal de miel. Y él lo tomó, y comió delante de ellos. (Lucas 24:39-43) Muchas personas pierden el punto de Jesús, pero C. S. Lewis, el brillante satírico, no. ¡Él dijo que es muy peculiar observar a un espíritu comer un pedazo de pescado! Por supuesto que esta no fue una resurrección "espiritual", como dicen algunos. Jesús volvió en un *cuerpo*.

Pero eso es no todo. Escuche a Jesús mientras Él continúa:

Y les dijo: Estas son las palabras que os hablé, estando aún con vosotros: que era necesario que se cumpliese todo lo que está escrito de mí en la ley de Moisés, en los profetas y en los salmos. Entonces les abrió el entendimiento, para que comprendiesen las Escrituras; y les dijo: Así está escrito, y así fue necesario que el Cristo padeciese, y resucitase de los muertos al tercer día; y que se predicase en su nombre

el arrepentimiento y el perdón de pecados en todas las naciones, comenzando desde Jerusalén. (Lucas 24:44-47) Note que Él dice *todas* las naciones. Él es el Hombre universal, el Salvador del *mundo*. Pero lo que quiero que Ud. note es que Él les abrió el entendimiento para que pudieran comprender las Escrituras. OH, eso es devastador. El griego había atentado desarrollar al hombre mentalmente, y hubo gigantes mentales – Sócrates, Platón, Aristóteles, Zenón y muchos otros. El Dr. Lucas dice: "Se necesita más que una cociente de inteligente alta para conocerle. El Espíritu Santo tendrá que abrirle el entendimiento." Y hoy hay aquellos que pierden el punto hasta mientras leen esto. El Espíritu de Dios tendrá que abrirle el corazón para que le vea y le conozca.

No solo falló la filosofía de los griegos, sino que hoy estamos en el mismo predicamento, solo que ahora es la ciencia que nos ha fallado. La ciencia no puede resolver los problemas del mundo. La ciencia está haciendo de nuestro mundo una gran basura, y el hombre está pereciendo en ella. El aire está contaminado, nuestros ríos y manantiales están contaminados, y apenas podemos movernos en nuestras carreteras. Es difícil obtener aire o agua limpia hoy. Hacemos detergentes que limpian la ropa, pero esos mismos detergentes ensucian los ríos. El hombre es inteligente, permítame decirle. Podemos caminar sobre la luna, pero no podemos hacer seguras las calles de las ciudades para que caminemos allí por la noche. Podemos inventar cosas que le dan conforts de vida al hombre y alimentos empaquetados, pero aún tenemos con nosotros a los pobres, y cada día están más hambrientos. El hombre no solo se hunde en la suciedad hecha por la ciencia, sino que la ciencia creó una bomba atómica que ha creado miedo en el corazón del hombre. La sabiduría de los griegos solo trajo al hombre al lugar donde podía ver que era inútil. Y esa es la razón por la cual el evangelio tuvo su apogeo en el mundo griego de aquel día. Ellos vieron su necesidad. Y no puedo dejar de pensar que en América, en algún tiempo, en algún lugar, vamos a despertarnos al hecho de que no somos tan inteligentes como pensamos ser. Vamos a enfrentar el hecho de que la ciencia no puede resolver los problemas del mundo.

El hombre pensante necesita a un Salvador.

En el principio ya existía el Verbo, y el Verbo estaba con Dios, y el Verbo era Dios.

Juan 1:1

Juan: Escrito para el hombre miserable

El evangelio de Juan fue escrito para el hombre miserable, y veremos quién es ese hombre miserable.

Se asume generalmente que el evangelio de Juan es fácil de entender. A menudo se escucha el cliché: "El evangelio de Juan es el evangelio *sencillo*." La sencillez del lenguaje ha engañado a mucha gente. Está escrito en palabras monosilábicas y bisilábicas. Permítame sacar un par de versículos para ilustrar. Note cuán sencillas son estas palabras:

A lo suyo vino, y los suyos no le recibieron. Mas a todos los que le recibieron, a los que creen en su nombre, les dio potestad de ser hechos hijos de Dios... (Juan 1:11, 12)

No tenemos un problema con las palabras mismas pero, de hecho, estamos tratando aquí con el evangelio más profundo. Tome una expresión como esta: "... vosotros en mí, y yo en vosotros" (Juan 14:20). Siete palabras – una conjunción, dos preposiciones y cuatro pronombres – y se podría preguntarle a cualquier niño del cuarto grado el significado de cualquiera de esas palabras y él podría darle una definición. Pero si Ud. las junta – "vosotros en mí, y yo en vosotros" – y ni el teólogo más profundo ni el filósofo más grande jamás ha podido sondear las profundidades de su significado. "Vosotros en mí", sabemos que significa salvación, y "yo en vosotros" significa santificación, pero más allá de eso, ninguno de nosotros puede ir muy lejos. Pensamos a veces que, ya que sabemos el significado de palabras, que sabemos lo que se está diciendo. Las palabras son sencillas, pero el significado es profundo.

Jerónimo dijo del evangelio de Juan: "Juan sobresale en las profundidades de misterios divinos." Y jamás se hizo una declaración más cierta. El Dr. A T. Pierson lo expresó así: "Toca el corazón de Cristo."

Aunque se asume que Juan es el evangelio sencillo, no siempre se asume que el apóstol Juan es el autor. Años atrás, la Escuela Baur-Tubingen en Alemania empezó un ataque contra el evangelio de Juan. Este ha sido un lugar en el cual el liberal realmente ha puesto mucho énfasis. Tomé una clase en el seminario sobre la autoría del evangelio

de Juan. El profesor al fin concluyó el curso diciendo que él creía que Juan fue el autor. Un bromista en la clase remarcó: "Bueno, yo creía que Juan lo escribió antes de tomar la clase y lo creo ahora, ¡así que acabo de perder un semestre!" Permítame asegurarle que no vamos a perder tiempo aquí relativo a la autoría de este evangelio, excepto que voy a mencionar dos declaraciones que lo hacen obvio que Juan es su escritor.

Una razón por la cual se creía que Juan quizá no fuera el escritor era porque se creía que Papías (Le he citado ahora para cada uno de los evangelios) nunca había mencionado la autoría de Juan. Pero el Profesor Tiscendorf (el alemán que encontró la Códice Sinaítica – el cual es probablemente nuestro mejor manuscrito del Antiguo Testamento – en el Monasterio de Sta. Caterina en la península Sinaítica) trabajaba en la Biblioteca Vaticana cuando encontró un viejo manuscrito que tiene una cita de Papías en la cual estaba claro que Juan era el autor de este evangelio. Yo personalmente no quisiera tener cualquier autoridad mejor que esa. También Clemente de Alejandría, quien vivió alrededor del 200 d.C., hizo la declaración que Juan fue persuadido por amigos y también fue movido del Espíritu de Dios a escribir un evangelio espiritual. Y creo que el evangelio de Juan es ese evangelio espiritual. En mi mente no hay ni sombra de duda de que Juan es el autor.[18]

Sin embargo, la pregunta más significativa es: ¿Por qué escribió Juan su evangelio? Fue el último escrito, probablemente cerca del 100 d.C. Todos los otros apóstoles habían muerto, los escritores del Nuevo Testamento ya no estaban, y solo él quedaba. En una tentativa de contestar esta pregunta, encontramos de nuevo una diversidad de teorías. Hay aquellos que dicen que fue escrito para combatir la primera herejía de la iglesia, el gnosticismo. Los gnósticos creían que Jesús era Dios, pero que no era hombre para nada, que los apóstoles solo pensaban que le vieron pero que de hecho no fue así. Pero Ireneo expresamente hace la declaración que el propósito de Juan fue refutar al gnóstico Cerinto. Pero Tholuck lo hace claro que este no es un evangelio polémico para nada, y que él no está intentando tratar con el asunto. También hay los que dicen que es un suplemento a lo que habían escrito los otros, que Juan meramente añadió otro material. Pero Hase responde a eso diciendo: "Este evangelio no es solamente algo adicional para llenar un espacio vacío."

Estas teorías no dan una respuesta adecuada para explicar todos los hechos peculiares que hay en este evangelio, lo cual una verdadera explicación debe hacer. Y, a mi juicio, la única explicación satisfactoria es que Juan escribió por petición de la iglesia, la cual ya tenía los tres evangelios (Mateo, Marcos y Lucas se circulaban) y quería algo más espiritual y profundo, algo que les hiciera crecer. Eso es exactamente lo que dijo Agustín, el gran santo de la iglesia primitiva:

En los cuatro evangelios, o más bien en los cuatro libros del único y solo evangelio, el apóstol San Juan, no inmerecidamente con referencia a su entendimiento espiritual comparado a un águila, ha elevado más alto y más sublimemente que los otros tres su proclamación y, al elevarla, él ha querido que nuestros corazones también sean elevados.[19] Ese fue el propósito del evangelio de Juan. Esa es la razón por la cual él lo escribió.

Por lo tanto, cuando venimos al evangelio de Juan, encontramos que él no nos lleva a Belén. Nunca creceremos espiritualmente cantando vez tras vez, "Oh aldehuela de Belén" durante la Navidad. Juan no nos lleva a Belén, porque él quiere que Ud. y yo crezcamos como creyentes. Así que él nos lleva por los pasillos silenciosos de la eternidad, por el vasto vacío del espacio, a un principio que no es un principio para nada.

En el principio era el Verbo... (Juan 1:1) Algunos dicen que este mundo vino a ser hace tres mil millones de años. Yo creo que ellos son demasiado pelagatos. Creo que ha existido por mucho más tiempo que eso. ¿Qué cree Ud. que Dios hacía en la eternidad pasada? Permítame decirle: Él tenía mucho que hacer en el pasado, y Él tiene la eternidad tras Él. Así que cuando Ud. lee: "En el principio," vuelva atrás lo más que pueda su pequeña mente hasta la eternidad pasada, ponga su marca allí – y Jesucristo sale de la eternidad para encontrarse con Ud.

En el principio era [no es] el Verbo, y el Verbo era con Dios, y el Verbo era Dios. *(*Juan 1:1)

Entonces siga Ud. adelante por miles de millones más de años.

Todas las cosas por él fueron hechas, y sin él nada de lo que ha sido hecho, fue hecho. (Juan 1:3) Entonces Juan tomó otro paso:

Y aquel Verbo fue hecho carne, y habitó entre nosotros… (Juan 1:14) Los filósofos griegos y la mente griega para los cuales escribió Lucas pararían ahí y dirían: "Hemos terminado contigo. No podemos seguirte". Pero Juan no escribía para ellos, y él continúa aún más.

A Dios nadie le vio jamás; el unigénito Hijo, que está en el seno del Padre, él le ha dado a conocer. (Juan 1:18) "… le ha dado a conocer" es la palabra "exegeta", le ha expuesto abiertamente para que el hombre le pueda ver y venir a conocerle. El Hombre que no tuvo origen es el Hijo que viene de la eternidad.

El Dr. Lucas le miró bajo un microscopio. Aunque el método de Juan es totalmente diferente, él llega a la misma conclusión que Lucas. No se podría decir que el método de Juan es científico. El cristiano que ha venido al conocimiento de Cristo y fe en Él, no necesita que se explique una y otra vez el nacimiento virginal – él ya lo cree. Por lo tanto, cuando viene al evangelio de Juan, encuentra gran deleite y gozo indecible mientras lo lee y estudia.

Desafortunadamente, sin embargo, él piensa que el incrédulo debe tenerlo también. Y se encuentra que se usa más en la obra personal que cualquier otro evangelio. Después de todo, ¿no lo considera el cristiano promedio el evangelio sencillo? ¿Es sencillo? Es profundo. Es para creyentes. Les capacita para crecer.

Cuando yo era pastor en Pasadena, California, tenía un amigo médico que, por su posición, podía reunir a estudiantes de Cal Tech para una clase bíblica. ¿Sabe Ud. lo que enseñaba? El evangelio de Juan. Me dijo: "Realmente sacudí a ese grupo de jóvenes con el primer capítulo." Me encontré con él varias semanas después y le pregunté cómo le iba la clase. "Oh," dijo, "dejaron de ir." Bueno, después de todo, ellos estaban en una escuela en la cual se derrama cosas en una probeta, en la cual se miran cosas debajo de un microscopio. Yo dije: "¿Por qué no enseña el evangelio de Lucas?" "Porque," dijo él, "yo quería darles el evangelio sencillo." Bueno, no lo hizo. Juan no es sencillo; es profundo. Es para creyentes.

También había un profesor de seminario en esta área no hace mucho que pidió permiso para enseñar la Biblia a un grupo de hombres de

negocios durante su almuerzo. Adivine cuál libro les enseñó. Correcto. Él dijo: "Ellos no saben mucho, así que les daré el evangelio de Juan." Ojalá les hubiera enseñado el evangelio de Marcos. Ese es el evangelio de acción, de poder, para el hombre fuerte.

El evangelio de Juan es para los que ya creen. Cuando se llega a la sección de capítulo 13 al 17, se puede encabezarlo así: "Solo para creyentes" y "todos los demás, manténganse fuera." No creo que esa sección se escribió para un incrédulo. Jesús tomó a los Suyos al aposento alto y les reveló cosas que les capacitó para crecer. Ningún otro escritor evangélico nos da eso. ¿Por qué? Porque ellos son los evangelistas que presentan a Cristo como el Salvador del mundo. Alguien pregunta: "Pero, ¿no hace eso Juan?" Sí, lo hace, pero él escribe primariamente para el crecimiento de los creyentes.

Juan dice más del Cristo resucitado que los demás evangelios. De hecho, más que todos los otros juntos. Pablo dijo que "De manera que nosotros de aquí en adelante a nadie conocemos según la carne; y aun si a Cristo conocimos según la carne, ya no lo conocemos así" (2 Corintios 5:16). Más bien, le conocemos como el Cristo resucitado. Por esta razón Juan intenta dar las apariciones de Jesús después de Su resurrección y menciona siete de ellas.

La primera fue una de las más dramáticas cuando le apareció a María Magdalena en el huerto. La segunda fue a los discípulos en el aposento alto, cuando Tomás estaba ausente. La tercera aparición fue de nuevo a los discípulos en el aposento alto, cuando Tomás estaba presente (estas tres apariciones están en el capítulo doce). Entonces (en el próximo capítulo) le vemos aparecer a la orilla del mar de Galilea. Varios discípulos estaban pescando, y Él les llamó desde la orilla: "¿Tienen peces?" Él le va a hacer esa pregunta a Ud. algún día. ¿Ha ido Ud. a pescar recientemente? Ud. les pesca solo por la manera que Él le dice. Hay que pescar por Sus instrucciones. Entonces Él preparó el desayuno para ellos. Yo quisiera haber estado allí para ese desayuno a la orilla del mar. Fue una verdadera comida al aire libre. Y, amigo, Él aún quiere alimentarle por la mañana – también durante el día y por la noche – con alimento espiritual. Entonces le comisionó a Simón Pedro: "¿Simón, me amas?" (Véase Juan 21:15-17) Esa es la condición. No me entienda mal. Si Ud. le ama, querrá entrenamiento para preparase para el ministerio

que Él tiene para Ud., pero Él quiere saber que le ama. La razón por la cual multitudes de gente no le están sirviendo hoy es que no le aman. Entonces se le dijo a Pedro que él iba a ser mártir; pero Juan, no; él vivirá para escribir este evangelio, tres epístolas y el Libro del Apocalipsis. Hay las siete apariciones que da Juan, y todas ellas son para creyentes; nos ministran hoy. Ahora alguien va a decirme: "Predicador, al mero principio, Ud. mencionó el hecho de que la familia humana estaba dividida en cuatro divisiones mayores durante el tiempo en que vino Cristo, y que el evangelio de Juan fue escrito para el oriental, la gente del este." Sí, lo dije, y me gustaría que Ud. vea lo que constituye una verdad profunda y una huella digital del Espíritu Santo aquí.

En el tiempo del nacimiento de Cristo, había una gran expectación por todo el mundo pagano. Eso era algo extraño. Suetonio relata que "una expectación anciana y definida se había esparcido por el este, que un rey del mundo, en ese tiempo, iba a surgir en Judea."[26] Tácito hace una declaración similar. Schlegel menciona que misioneros budistas viajando a China encontraron a sabios chinos que iban a buscar al Mesías alrededor del año 33. Así que había una expectación por todo el mundo en ese tiempo que Él iba a venir. Y fue del misterioso este que vinieron los magos a Jerusalén, diciendo: "¿Dónde está el rey de los judíos…?" (Mateo 2:2)

Lo maravilloso es que este evangelio de Juan, diseñado tan definitivamente para cumplir las necesidades de creyentes, también está diseñado para la mente oriental como ningún otro. Al decir "orientales", ¿a quiénes me estoy refiriendo? Los egipcios, los babilonios, los persas y los millones incontables en India y China. Aún hasta el día de hoy, sabemos muy poco de esa área del mundo. ¿Qué de Tíbet o Mongolia exterior? Es aún el misterioso este. Sí sabemos esto: Hay una riqueza fabulosa allí y, al lado, pobreza extrema. De esta tierra de misterio vinieron los magos. Traían regalos – oro, incienso y mirra – para Él. Hay muchas preguntas aquí que hay que responder. De aquella tierra de misterio vinieron. Ese esplendor oriental del cual hemos oído tanto revela riqueza increíble, y aún está allí – palacios ornatos, grandeza llamativa, joyas de incalculable valor. Este lugar ha hechizado al oeste pero, cuando Colón salió para este país (le damos crédito por haber descubierto América), él no buscaba nuestro continente, sino que trataba de encontrar una nueva ruta al este para volver con algo de

la riqueza que había allí.

Al lado de esa riqueza hay pobreza extrema de la peor clase, destitución, millones viviendo en miseria abyecta. Sus bienes consisten en los harapos que llevaban. Cien millones morirán de hambre en la próxima década, se nos dice. Quizá Ud. pregunta: "Bueno, ¿por qué no les enviamos alimento?" No hay suficiente. Nuestra decisión es: "¿Cuál grupo de cien millones va a morir?" ¿Serán estos o aquellos? Pero lo que nos hace pensar son los pobres que clamaban por ayuda, y los ricos no habían hallado ninguna solución para los problemas de la vida. El oriente dio rienda suelta a los deseos humanos. Aunque ellos tenían esta libertad, no había satisfacción. Ellos han tenido las grandes religiones paganas – el budismo, el sintoísmo, hinduismo, confucianismo y el islam. Sin embargo, de esa tierra, con todo lo que tenían, vinieron los magos, preguntando: "¿Dónde está el rey de los judíos que ha nacido? Porque su estrella hemos visto en el oriente, y venimos a adorarle" (Mateo 2:2) Ellos necesitaban salvación. No la tenían, porque ninguna religión jamás les había dado eso. Esta es la razón por la cual la gente en el misterioso oriente se ha deleitado en el evangelio de Juan. El Señor Jesús puede llenar la necesidad de este tipo de mente, como lo revela Juan.

De la gloria del cielo vino Él, aquel que era antes de cualquier principio que podemos ver. "Y aquel Verbo fue hecho carne", y habitó entre nosotros (y vimos su gloria, gloria como del unigénito del Padre), lleno de gracia y de verdad (Juan 1:14). El oriente tenía religión. Después de todo, Israel pertenecía a esa área del mundo. Ellos tenían templos – ornamentados, feos, con rituales degradantes. Tenían sectas. Y Juan nos dice que el primer acto público del Señor Jesús fue ir al templo de aquel día y limpiarlo. Con esto, Él nos está diciendo que esta gente que adoraba en sus templos degradantes, que Dios es santo. Si Ud. va a adorar a Dios, tendrá que ser limpiado, el templo tendrá que ser limpiado, porque no puede haber compromiso con el mal ni con lo incorrecto.

Un principal religioso vino a Jesús una noche – solo Juan nos cuenta esto. Nuestro Señor esa noche dijo a este principal religioso, quien tenía todo y era religioso hasta los tuétanos: "Os es necesario nacer de nuevo" (Juan 3:7) Él necesitaba tener una nueva vida y librarse de la

vieja religión. Jesús dijo que no Él había venido para remendar de paño nuevo un vestido viejo, sino que había venido para darles la túnica de la justicia que les capacitaría para pararse ante un Dios santo. Esto es lo que necesitaba aquella área del mundo.

La mujer era degradada en el oriente. Nuestro Señor ennobleció a la mujer porque Él vino, nacido de una mujer. Él fue a una boda para responder a la burla que habían hecho del matrimonio con los harenes del oriente. Cristo fue a una boda y puso Su bendición sobre él. También Jesús se sentó al pozo y tuvo una conversación con una mujer de carácter muy cuestionable. Pero ella era una mujer por quien Él murió. El alma de una mujer era tan preciosa para Él como el alma de un hombre.

Cristo alimentó a las multitudes y, después de la comida, dio un discurso sobre el pan de la vida y luego se escapó porque no quería que la multitud le hiciera rey de su estómago.

Del oriente viene la inspiración para estas líneas, las cuales se encuentran en varios lenguajes:

Si de tus bienes mortales eres despojado, y de tu humilde provisión te quedan solo dos panes, vende uno y con la ganancia compra jacintos para alimentarte el alma.21 La mente oriental comprendería el discurso de Jesús sobre el pan de la vida. Es desafortunado que los gerentes de nuestros supermercados no lo entiendan – ellos creen que pan y frijoles en los anaqueles es lo que es importante, y lo que Él dijo no es así. Un hombre en el oriente que no tiene pan y frijoles entenderá eso. Me temo que algunos de nosotros hoy día no lo comprendamos.

El Señor Jesús dijo en este evangelio: "Yo soy la luz del mundo; soy el pan de la vida; Yo soy el camino, y la verdad, y la vida." Y el oriente era miserable y estaba pereciendo en aquel día, como lo es hoy día. Juan dice:

Hizo además Jesús muchas otras señales en presencia de sus discípulos, las cuales no están escritas en este libro. **Pero éstas se han escrito para que creáis que Jesús es el Cristo, el Hijo de Dios, y para que creyendo, tangáis vida en su nombre.** (Juan 20:30, 31) Lo que ellos necesitaban por encima de todo era vida.

Cuando observo a las multitudes de compradores durante la Navidad, parecen ser zombis espirituales. Necesitan vida – y están comprando regalos.

Una dama me llamó y dijo: "Dr. McGee, yo asistía a su iglesia, pero entré en una secta (y la nombró). He perdido la brillantez que tenía antes y me estoy preguntando hoy exactamente dónde me encuentro. Ud. tenía alguna literatura que me dio durante ese tiempo. ¿Me hace el favor de reenviármela? Quiero regresar." El evangelio de Juan es para ella. Oh, ¡lo que necesitamos hoy es vida, no religión! ¡Vida!

Tal vez Ud. recodará que dije al principio de este mensaje que el evangelio de Juan fue escrito primariamente para la iglesia, pero que es también el evangelio que alcanzará y tocará la mente del oriente; sin embargo, digo que es el evangelio para el hombre miserable. Quizá Ud. pregunta: "Ud. no cree que los creyentes son el hombre miserable, ¿verdad?" Sí, que lo creo. Pablo, en Romanos 7:24, dijo: ¡Miserable de mí! ¿A quién se dirigía y de quién hablaba? Estaba hablándonos a Ud. y a mí, y estaba hablando de sí mismo. Él no era un hombre inconverso cuando dijo eso. Ese clamor no vino de un hombre no salvo, sino de un hombre que había conocido a Cristo en el camino a Damasco y quién trataba de vivir la vida cristiana en su propia fuerza, en ignorancia de la Palabra de Dios. Esa es la razón por la cual Dios tuvo que entrenar al hombre como lo hizo.

La gente más miserable durante la Navidad está en dos grupos. Uno es el hombre inconverso que trata de beber y olvidar durante la Navidad. El otro es el cristiano no instruido. Dwight L. Moody lo expresó de una manera inusitada: "Algunos cristianos tienen solo suficiente religión para que estén miserables." Hay muchos cristianos hoy que se están comprometiendo, que no tienen estándares, que corren con la liebre y con los perros. Están tratando de asociarse con todos los grupos para complacer a todos. Viven para el diablo seis días de la semana y tratan de vivir para Dios un día de la semana. Por supuesto que les falta el muy importante sentido de seguridad. Tienen lo que enfatiza ahora el sicólogo: inseguridad. Esa es la razón por la cual muchos llevan la Biblia bajo el brazo, aprenden unos cuantos clichés cristianos, se unen a un grupito y dependen de ellos – porque están inseguros. No están viviendo para Dios ni creciendo en gracia y en el conocimiento de Él.

Son miserables. Algunos de ustedes que están leyendo esto ahora pueden fingir, pero están miserables por dentro.

Es interesante oír a un hombre, probablemente el mejor sicólogo hoy, expresar esta misma convicción. Él dice que el llamado neurótico es un pecador bona fide, y que su culpabilidad es del pasado, que sus dificultades surgen, no de inhibiciones, sino de acciones – acciones que han estado cuidadosamente escondidas, no confesadas y no redimidas.

Ese es el hombre miserable, el "miserable que soy", el cristiano que trata de fingir. Él es inseguro y no se atreve a decir que es pecador. La primera vez que dije esto desde el púlpito de una iglesia donde servía, recibí varias cartas de personas que dijeron: "No se atreva a llamarme a mí pecador. Soy miembro de esta iglesia desde hace años." Amigo, Ud. es un pecador. ¿Por qué no le cuenta a Dios en cuanto a ello y ponerse a bien con Él para que el Espíritu de Dios pueda moverse en su vida con poder y traerle bendición? El reportero Russel Kirk hizo esta declaración:

Los discípulos de Sigmund Freud aparte, este reportero declara que nada está mal con un sentido de culpabilidad. Al contrario, el hombre que se cree sin culpa o es estúpido o anormal. Y una sociedad que ha negado la realidad de culpa personal pronto viene a ser decadente e indolente. Esta es la razón por la cual muchos en el oriente han respondido al evangelio. No les importa venir y decir: "No tengo excusas que presentar. No me hace falta un símbolo de estatus. No tengo ninguno. Soy un pecador." Hacer eso traería gozo a su corazón porque estaría bien con Dios. Deje de tratar de complacer a su pequeño grupo. Tome una posición por Dios; manténgase fiel y verá cómo se siente.

Muchas personas piensan que Ernest Hemingway era un gran hombre valiente. Pero su biógrafo dice que este machismo era una camuflaje y que él tenía "el siempre presente presentimiento de que algo andaba mal." ¿Tiene Ud. ese mismo sentimiento? Y, ¿no se puede librar de él? Oh, Ud. puede si vendrá a Jesucristo y ser honesto.

Ud. y yo necesitamos sentarnos a los pies de Jesús. *Living Prophecies (Profecías vivas)* han traducido Oseas 6:6 (es más una interpretación que una traducción): "Yo no quiero sus sacrificios – quiero su amor; no quiero sus ofrendas – quiero que me conozcan a mí." Eso es lo que Dios

está diciendo hoy: "Quiero que me conozcan." Esta es la razón por la cual el evangelio de Juan fue escrito. Y la razón por la que los cristianos están miserables hoy es que están demasiado lejos de Él; no están creciendo en su conocimiento de Él. Sin embargo, a través de los años he encontrado que si solo enseño la Palabra de Dios, hay algunos que escucharán, que querrán crecer. Esa es la razón por la cual Él nos ha dado el evangelio de Juan.

Puede que Ud. sea como el israelita, una persona religiosa. Jesús le puede hablar hoy. Puede que sea como el romano, una persona de acción. Dios quiere alcanzarle, y Él dio un evangelio para Ud. Ud. puede ser el hombre pensante. Él ha escrito para Ud. Él quiere que Ud. conozca a Jesucristo. Ud. puede ser el que hoy le profesa como su Salvador y está miserable. Él quiere que Ud. le conozca. El único lugar donde podrá llegar a conocerle es en Su Libro.

Notas al pie

1. Ibid., 89

2. Ibid., 89

3. Ibid., 91

4 Ibid., 92

5. Felicia Dorothea Hemans, "The Landing of the Pilgrim Fathers in New England."

6. Gregory, Key to the Gospels, 157.

7. Robert D. Culver, Daniel and the Latter Days (Westwood, NJ: Fleming H. Revell Co., 1954), 114

8. Ibid.

9. Gregory, Key to the Gospels, 53.

10 Ibid. 152;

11 Ibid;

12 Ibid, 153-154.

13 Will y Ariel Durant, The Lessons of History: (New York: Simon and Schuster, 1968).

14 William Shakespeare: King Lear, acto 4, escena 6, línea 110.

15 Gregory: Key to the Gospels, 211.

16 W. J. Conybeare y J. S. Howson, Life, Times and Travels of St. Paul, vol. 1 (New York: E. B. Trezt, 1896), 9.

17 Gregory, Key to the Gospels, 55.

18 Ibid. 278-79.

19 Ibid., 285, 286.

20 Suetonio, The Life of Vespasian

21 Autor desconocido, pero tal vez Juzistán de Persia, siglo trece.

Radio Trans Mundial
PO Box 8700
Cary, NC 27512-8700
Tel: 1.800.880.5339
www.atravesdelabiblia.org
atb@transmundial.org

Radio Trans Mundial es el ministerio en español
de Trans World Radio

A TRAVES de la BIBLIA

POR QUÉ CUATRO EVANGELIOS

J. VERNON McGEE